청화 큰스님의 참선공부법

우리 시대의
선지식

청화 큰스님 지음

상상출판

곡성 성륜사 전경

성륜사에 모셔진 청화 큰스님 부도와 부도탑비

영원한 행복과 참다운 자유

❀

❀

❀

분명히 순수생명(純粹生命)의 불성광명(佛性光明)은 지금 우리 눈앞에 실존(實存)하는 것입니다. 어느 누구나 마음이 맑아지면 참으로 볼 수밖에는 없습니다. 우리가 부질없는 생각을 많이 하고 있기 때문에 부처님, 하느님, 알라를 못 볼 뿐입니다.

우리 마음이 얼마나 오랫동안 무지무명(無智無明)에 가렸던가?

깨달은 성인(聖人)들이 공부할 적에 번뇌의 때 묻은 생활을 해왔던 것을 땅을 치고 후회하고 통탄한다는 것입니다.

그동안 내가 무엇 때문에 부질없이 망상(妄想)을 했던가?

마음공부를 바로 해서 어느 날 갑자기 번뇌(煩惱)가 다 녹아서 정말로 진여불성 광명이 훤히 나올 때는 제아무리 점잖고 근엄한 분도 너울너울 춤을 춘다는 것입니다. 어떻게 억제할 수가 없다는 것입니다.

어떠한 행복(幸福)보다도 제일 큰 행복이 열반제일락(涅槃第一樂)입니다. 본래 공(空)한 번뇌 망상을 여의고 참 자기를 찾는 마음공부처럼 큰 일, 영원한 행복과 참다운 자유의 길은 없습니다.

청화 큰스님 법어 중에서

목차

제1부

청화 스님의 금타 대화상
「보리방편문」 설법

인간의 참다운 행복을 위하여

제2부
청화 스님의 참선 법문
참선은 무엇이며
어떻게 해야 올바른 참선인가?

❀ ❀ ❀

제1부

청화 스님의 금타 대화상
「보리방편문」 설법

인간(人間)의
참다운 행복(幸福)을
위하여

1) 「보리방편문」 설법

이 법문은 청화 큰스님이 1990년 4월 21일 광주 금륜회관에서 금륜 회원들을 대상으로 한 것입니다. 금륜회는 청화 큰스님에게 가르침을 받던 광주 지역 재가불자들의 모임입니다. 청화 큰스님은 이 법문에서 금타 대화상의 「보리방편문」의 핵심을 전해주고 계십니다. 큰스님의 뜻을 왜곡할까 두려워 문어체로 윤문하지 않고 구어체 그대로 옮겼습니다.

2) 「보리방편문」

용수(龍樹) 보살이 저술한 책 중 『보리심론(菩提心論)』이라 하는 논장에 공부하는 요체가 많이 설명되어 있는 가운데, 「보리방편문(菩提方便門)」은 『보리심론(菩提心論)』 중 공부와 관련한 핵심을 금타(金陀 1898~1948) 대화상이 간추려 정리한 것이다. 이와 관련한 청화 큰스님의 말씀은 다음과 같다. "보리(菩提)란 깨달음의 뜻으로서 「보리방편문」은 견성오도(見性悟道)의 하나의 방편입니다. 정(定)과 혜(慧)를 가지런히 지니는 마음을 한 가지 경계에 머물게 하는 묘한 비결이니 잘 읽어서 뜻을 깨달은 후 고요한 곳에 처하고 제일절만 써서 단정히 앉아 바로 보는 벽면에 붙여서 관(觀)하고 생각하되 관의 일상삼매(一相三昧)로 견성(見性)하고 념(念)의 일행삼매(一行三昧)로 오도(悟道)함이라. 『육조단경』의 일상삼매나 일행삼매나 또는 4조 대사의 일상삼매 일행삼매와도 상통이 되기 때문에 관심을 가지고 정진하시기 바랍니다."

견성오도(見性悟道)의 첩경(捷徑)
「보리방편문」

우리가 다 아는 일입니다만, 인간은 누구나가 자기의 안전을 구합니다. 미개한 때는 안전을 구한다 하더라도 의식적으로 하지 못했습니다. 그러나 인간의 사유 활동이 전개되고 차근차근 발전한 뒤에는 '어떻게 하는 것이 바른 생활인가? 어떻게 하는 것이 우리 인간에게 있어서 가장 안전한 생활인가?'와 같은 생각을 하며 행복을 추구했습니다.

인류 문화사 이후에 모든 것에는 이와 같이 행복을 추구하는 인간의 노력과 또는 실패와 또는 그때그때 여러 가지 참담한 비극도 있었지만 모두가 다 행복을 추구하고 안전을 추구하는 노력의 일환이었습니다.

'어떻게 하면 인간이 행복할 것인가?'에서 인간의 행위라는 것은 마땅히 먼저 행위를 할 수 있는 근거로 어느 사고(思考), 사유(思惟) 체계가 필요할 것입니다.

'어떻게 생각해야 할 것인가? 어떻게 생각하는 것이 바른 생각인 것인가? 또는 우리 인간의 본래 면목은 어떤 것인가?' 이런 문제에 관해서 여러 가지의 교법(敎法)이 있습니다. 불교는 불교대로, 기독교는 기독교대로, 또 현대과학은 과학대로 여러 가지의 가르침이 있습니다.

그러나 석가모니 부처님이 열반한 지 2,500년 이상의 세월이 흘렀습니다만 그런 가지가지의 사유체계 가운데서 완전한 것을 볼 수가 없습니다. 다시 말하면 그렇게 많은 사상체계가 있다 하더라도 오늘날에 와서 다시 석가모니 부처님의 가르침을 찾지 않을 수 없는 것입니다. 부처님 가르침 이외의 다른 가르침은 하나의 상대적인 제한된 가르침이고 완벽한 가르침이 못됐다는 데 원인이 있습니다.

따라서 부처님 가르침, 즉 2,500년 동안이나 가지가지 비판을 다 거치고, 또는 여러 가지 사상체계를 다 수용하고도 오히려 남음이 있는, 즉 '인간이 구하는 행복이라 하는 문제에 있어서 가장 명확한 해답을 내릴 수 있는 것이 부처님 가르침'이라는 확신이 서기 때문에 그 가르침에 대해서 다시 한 번 말씀드리고자 하는 것입니다.

지금 사회자께서 말씀하셨습니다만 오늘 제가 말씀드릴 주제는 「보리방편문(菩提方便門)」 해설입니다. 「보리방편문」의 연원(淵源)은 다시 말할 것도 없이 부처님 가르침입니다만, 제2의 석존이라 하는 용수 보살(龍樹 菩薩)의 여러 가지 저술 중에 『보리심론(菩提心論)』이라 하는 논장이 있습니다.

『보리심론』에서 보리(菩提)는 아시는 바와 같이 참다운 진리, 즉 다시 말하면 방편적인 것을 떠난 참다운 최상의 진리, 이른바 우주만유의 본래적이고 제일의적(第一義的)인 진리 아니겠습니까. 즉 보리심을, 참다운 진리를 깨닫는 방편의 말씀이 용수 보살의 『보리심론』에 있습니다.

오늘 말씀드릴 「보리방편문」도 『보리심론』에 근거가 있지만, 특히 금타 대화상(金陀 大和尙)께서 공부를 하셔서 선정(禪定) 중에 전수받으신 법문입니다.

잘 납득이 안 가는 분들은 모르실 것이지만 선정이라 하는 것은 산란한 마음을 잠재우고서 마음을 참다운 본심(本心) 자리에 딱 머물게 합니다. 즉 상대(相對) 유한적(有限的)인 생각은 다 쉬어버리고서 우주와 내가 둘이 아니라는 그런 경계에 딱 머무는 것이 삼매(三昧)입니다. 이런 삼매에 들어가면 과거나 현재나 미래를 알 수가 있습니다.

우리 인간의 마음이라 하는 것은 이렇게 귀중하고 무한의 능력이 있는 것입니다. 현재뿐만 아니라 과거 무수세월 동안 지내왔다 하더라도 불교적인 표현으로 하면 무시이래(無始以來)라 한도 끝도 없는 오랜 과거도 알 수가 있는 것이고, 또는 한도 끝도 없는 무종(無終)이라 끝도 갓도 없는 미래도 알 수가 있는 것입니다. 이런 것이 삼매의 기운입니다. 삼매를 무시한 분들은 삼매 가운데 들어 있는 신통자재(神通自在)한 기운을 무시하기도 합니다만, 이것은 부처님 경전에 있는 엄연한 사실입니다.

인간 능력이라 하는 것이 삼매에 들 수 있다고 한다면, 산란한 마음을 쉬고 상대유한적인 생각을 떠나서 불생불멸(不生不滅)하고 불구부정(不垢不淨)하고 또는 부증불감(不增不減)한, 그런 참다운 인간성(人間性)·불성(佛性)·우주성(宇宙性) 여기에 하나가 된다고 생각할 때, 인간이라는 것은 신비(神祕)한 힘을 낼 수가 있는 것입니다.

금타 대화상님께서 이러한 삼매에 들으셔서 제2의 석가라 하는 용수 보살한테 직접 받은 수행방편문이 「보리방편문」입니다.

어느 동안에는 "괜히 복잡한 것을 내놓지 않았는가? 이런 것이 과연 사실인가?" 하는 정도로 여러 가지 비판을 받았습니다만, 오늘날 여러 석학들이나 불교에 대해서 공부를 하신 분들이 가치를 인정하니 지금은 비판하는 분들이 거의 없습니다. 왜냐하면 부처님 팔만사천 가르침 가운데서 가장 정수를 뽑아 놓았고 그뿐만 아니라 참선(參禪), 염불(念佛), 주문(呪文)과 같은 모든 수행법을 하나로 통합시켰기 때문입니다. 현대사회는 우리가 신앙을 한다 하더라도 신앙체계가 없으면 자신 있게 신앙을 못합니다. 또 다종교사회라 각 종교가 착종(錯綜)해 있는 혼란스러운 사회인지라 다른 종교와의 구분을 명확히 할 수 있는 그런 체계가 아니고서는 바른 신앙을 가질 수가 없습니다. 그런데 「보리방편문」은 짤막한 법문 가운데서 불교의 정수(精髓)를 말하고 있고, 다른 종교보다도 훨씬 더 앞서 있는 것을 볼 수가 있습니다. 금타 대화상 말씀을 빌리면 '견성오도(見性悟道)의 첩경(捷徑)'이라, 견성오도 하는 지름길입니다. 이것은 여러분들이 제 말을 들으시고서 공부를 하시면 느낄 수가 있을 것입니다.

우선 「보리방편문」의 골격을 말씀드리는 것이 바른 순서가 되겠습니다만 그에 앞서 부처님께서 말씀하신 가르침, 그 뒤에 각 도인들이 부처님 말씀의 체계를 세워 놓은 것을 먼저 말씀드리겠습니다.

삼시교판(三時敎判)으로 보는
부처님 가르침

오늘 짤막한 시간에 너무나 방대한 부처님 가르침을 다 말씀드릴 수는 없겠지요. 그러니 가장 간단하면서도 누구나 납득할 수 있고 꼭 알아야 될 그런 체계만 말씀을 드리겠습니다.

바로 이른바 삼시교판(三時敎判)입니다. 이것은 도인(道人)들이 자기들의 견해에 따라서, 자기들이 공부한 정도에 따라서 부처님의 일대시교(一代時敎), 석가모니 부처님께서 말씀하신 가르침을 하나의 체계로 비판해서 묶은 것입니다.

가령, 한국의 원효 스님 같으면 원효 스님대로 자기가 부처님 가르침을 느낀 것을 비판해서 하나의 체계를 세웁니다. 중국의 천태 스님 같으면 천태 스님 자기 나름대로 부처님의 일대시교, 부처님의 가르침을 비판해 하나의 체계를 세웁니다.

삼시교판은 법상종(法相宗)이 부처님의 가르침을 형상적으로 구분을 세워서 비판한 것입니다. 더 구체화시키면 교상판석(敎相判釋)이라, 부

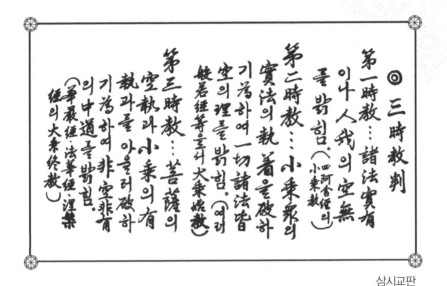

삼시교판

처님 가르침의 상을 비판해서 해석한 것이 판석(判釋)입니다.

삼시교판은 세 가지의 시기로 부처님의 가르침을 비판해서 체계를 세
웠습니다. 세 시기라 하는 것은 부처님 가르침의 차원 정도에 따라서,
깊고 옅은 정도에 따라서 나눈 것입니다. 이 정도는 우리 불자님들이
꼭 알아두셔야 불교뿐 아니라 다른 종교나 철학을 비판할 때도 굉장히
큰 도움이 됩니다.

1) 제일시교(第一時敎)

맨 처음에는 제일시교(第一時敎)라, 이것은 '제법실유(諸法實有)이나

인아(人我)의 공무(空無)를 밝힘'이라고 합니다.

풀이해서 말씀드리면 제법이란 예를 들어 하나의 산(山)이요, 또는 내[川]요, 선(善)이요, 악(惡)이요, 또는 불교 과학적으로 말하면 지(地)요, 수(水)요, 화(火)요, 풍(風)이요, 또는 바람 기운이나, 물기운이나, 흙 기운이나, 불기운이나 또는 인간 세상, 인간이 볼 수 있는 유정(有情), 무정(無情), 유상(有相), 무상(無相) 그런 것입니다. 그런 제법(諸法)이 실제로 있으나, '인아(人我) 공무(空無)' 즉 사람은 텅 비어서 없다는 가르침입니다.

우리는 부처님 가르침을 공부할 때 조금 더 비장한 각오가 필요합니다. 복을 빌고 자기가 잘되고 그런 차원으로는 부처님의 참다운 가르침의 맛은 못 보는 것입니다. 물론 복도 받아야 하고 여러 가지 기복적인 것도 필요하고 그런 것이 부처님 가르침 안에 분명히 있습니다만 부처님 가르침은 거기에 그치지 않습니다. 이기적인 자기 행복을 구하는 데 그치지 않는 것이 부처님 가르침입니다.

부처님 가르침은 과학도 초월하고 윤리도 초월해 있습니다. 불교에서는 가장 저차원의 가르침이라 하더라도 '인아의 공무'라, 사람이라는 것은 원래 비어 있다는 것입니다. 즉 말하자면 인간의 상식을 떠나 있는 것입니다. '내가 분명히 있는데 내가 어째서 비어 있는 것인가?' 이렇게 우리가 의심을 품어야 합니다. 그래야 부처님 가르침의 초보라도 알 수가 있습니다. 이와 같이 고도한 부처님 가르침에 대해서 소양(素養)이 없다고 생각할 때에는 다른 종교와 불교와의 한계도 모호해지고 맙니다.

가장 초기에 부처님께서 말씀하신 가르침 가운데도 '내가 원래 없다', 즉 아상(我相)이 없다는 '무아(無我)'가 있습니다. 부처님 가르침에 무아

法相宗의 三時敎

第一時敎 : 外道・凡夫의 實我의 執着을 破하기 爲하여 四大五蘊等의 實有를 說하고 人我의 空無를 밝힘. (四阿含等의 小乘經論)

第二時敎 : 小乘實法의 執着을 破하기 爲하여 一切諸法이 本空한 般若波羅蜜을 說하여 我・法俱空을 밝힘 (諸部의 般若經)

第三時敎 : 有執과 空執을 아울러 破하기 爲하여 心外의 法은 有가 아니며 心內의 法은 空이 아님을 說하여 非空非有의 中道實相을 밝힘. (解深密經・華嚴・法華等의 諸大乘經論)

란 말이 안 들어가면 불교가 못 되는 것입니다. 여러분, 분명히 아셔야 합니다. 아무리 자기가 좋고 귀엽다 하더라도 무아(無我)라는 것을 모르면 사실은 불교를 말할 자격이 없습니다.

어째서 무아인가? 이것은 불교를 공부하고 신앙을 가진 분들은 대체로 아십니다만, 지수화풍(地水火風) 사대(四大) 바람 기운, 불기운, 땅기운, 물기운 이러한 기운이 잠시간 우리 몸의 세포를 구성했습니다. 지금 식으로 말하면 산소, 수소, 탄소, 질소 그 외의 여러 가지 원소가 그때그때 인연 따라 합해져서 우리 몸을 구성했습니다. 이렇게 인연 따라서 구성된 것은 그때그때 순간순간 변천해 마지않습니다. 이른바 '전변무상(轉變無常)'이란 말입니다.

비록 사람 몸뿐만이 아니라 어떠한 것이나 인연 따라서 잠시간 합해진 것은 그때그때 변동합니다. 따라서 고유한 '나'라는 몸뚱이가 사실은 있을 수가 없습니다.

가장 초기적인 부처님의 가르침도 이와 같이 '인아무아(人我無我)'라, 사람이 원래 없다는, 사람 몸뚱이가 우리 중생이 잘 못 봐서 내가 있다고 하는 것이지 바로 본다고 생각할 때는 분명히 없다고 했습니다. 이 도리를 아셔야 합니다. 그래야 부처님 가르침의 초보라도 아는 것입니다.

어째서 없는 것인가? 그것은 산소나 수소나 탄소나 질소나 이런 각 원소가 인연 따라서 잠시간 합해 있기 때문입니다. 우리 세포가 합해 있어서 이것이 조금도 쉬지 않고 그때그때 변동합니다.

그렇기 때문에 고유한 '나'라는 것이 존재할 수가 없는 것입니다. 초기불법에서도 "나라는 것은 원래 없는 것이고, 그러나 산소나 수소나 탄소나 질소나 지(地)나 수(水)나 화(火)나 풍(風)이나 산(山)이나 내[川]

나 이런 것은 있다"고 말씀했습니다. '자기가 없다, 사람이 없다' 이것만도 엄청나게 어려운 것인데 하물며 사람 몸을 구성한 각 원소인 바람기운, 물기운, 불기운 그런 기운마저 없다고 생각할 때는 중생이 도저히 불교를 믿을 수가 없단 말입니다.

부처님께서는 보리수하(菩提樹下)에서 성도(成道)하시고서 "내가 차라리 말을 안 해야겠다" 하시며 말을 않고 바로 열반(涅槃)에 드시려고 마음을 먹었습니다. 욕심(欲心)에 가리고 진심(瞋心)에 가린 중생들이 천상천하에 둘도 없는 무상(無上) 진리를 알 수가 없단 말입니다. "내가 지지리 말해봤자 일반 업장 많은 중생들은 못 알아듣는다. 자기가 있다고 생각하고 고집하고 사는 사람들이 없다고 하면 내 말을 곧이 안 들을 것이다. 설사 수긍한다 하더라도 지키지 못할 것이다. 차라리 그럴 바에는 나만 수고스러우니까 말을 안 해야겠다."

이렇게 해서 부처님께서는 성도하신 다음에 우주의 진리를 훤히 아셔서 "원래 나도 없고 너도 없고 천지우주가 모두 허망무상(虛妄無常)하다. 인간 눈으로 보는 모든 것은 뜬구름이요, 물거품 같다. 이렇게 진리를 말해도 모를 것이다" 해서 열반에 드시려고 마음먹었지만, 범천(梵天)의 훌륭한 신장(神將)들이 나와서 "세존이시여, 비록 일반 어리석은 대중은 모른다고 하더라도 그런 대중 가운데는 과거 선근(善根)이 많아서, 과거 전생에 닦아온 사람이 많이 있어서 부처님의 어려운 법문도 알아들을 것입니다. 그러니까 열반에 들지 마시고 돌아가시지 말고 법문을 설하십시오"라고 간청을 드렸습니다.

간청을 들으셨으니까 부처님께서 할 수 없이 가장 쉽게 하신 법문이 '제일시교(第一時敎)'입니다. 즉 사람은 원래 텅 빈 공(空)이어서 없는 것이지만, 산소나 수소나 질소나 그런 인간이 보는 객관(客觀)은 있습니다. '우리 주관(主觀)은 허망한 것이지만 객관은 존재한다' 이런 정도의 가르침이 제일시교입니다.

이것은 부처님 육성 같은 『아함경(阿含經)』에 사람은 공무(空無)하다, 지수화풍(地水火風) 사대(四大)가 잠시간 합해져서 우리 몸이 이루어졌지만 사람은 공무(空無)하다, 사람은 비어 있다고 되어 있습니다.

우리 마음은 무엇인가? '나'라고 고집하는 마음, '너'라고 고집하는 마음, 또는 좋다 궂다 고집하는 마음, 그 마음은 무엇인가? 우리가 감수하고, 상상하고, 의혹하고, 분별시비하고 이런 것이 모여서 우리 마음이 됐지만 과연 그 마음이 어디에 있는 것인가? 좋은 마음, 궂은 마음, 남 미워하는 마음, 남 좋아하는 마음, 그 마음이 어디에 있는 것인가?

2조 혜가 스님께서 달마 스님한테 가서 "제가 마음이 불안스럽습니다" 그러니까 달마 스님께서 "불안한 마음을 내놔라" 했습니다.

불안한 마음이 어디 가 있는가, 아무리 생각해봐도 불안한 마음이 자취가 없습니다. 남 미워하면 미워하는 마음이 자취가 있습니까. 남 싫어하면 싫어하는 마음이 자취가 있습니까. 내가 아프면 아프다는 마음이 자취가 있습니까. 그런 마음이 어디에도 없습니다. 남 좋아하는 마음, 남 싫어하는 마음, 아프다는 마음, 그런 마음이 흔적이 없습니다.

따라서 내 몸도 바람 기운, 또는 불기운, 물기운, 흙 기운, 지금으로 말하면 산소, 수소, 탄소, 질소 등 여러 가지 원소가 합해 있어 잠시간도 머물지 않습니다. 우리 몸도 다 비어 있지만, 또 우리 마음도 역시 어디에도 흔적이 없습니다.

내 몸도 사실은 본래대로 바로 본다고 생각하면, 우리 중생이 업장(業

障)에 가리어서 바로 못 보니까 '나' 같은 사람이 있다고 합니다. 그러나 바로 보는 청정한 성자의 안목에서 본다고 생각할 때는 다만 세포만 빙빙 돌아서 활동하고 결합돼서 운동하고 있을 뿐입니다.

전자 현미경을 놓고 본다고 생각할 때는 전자나 양성자 그런 것이 결합돼서 운동하고 있을 뿐입니다. 그러면 부처님의 안목, 전자보다도 또는 어떤 것보다도 가장 세밀하고 우주의 본래면목(本來面目)을 볼 수 있는 부처님이 본다고 생각할 때는 어떻게 볼 것인가. 부처님이 본다고 생각할 때는 우주에 충만해 있는 불성(佛性)기운이 인연 따라서 잠시간 운동하고 있습니다. 산이나 내[川]나 사람이나 어떤 것이나 모두 다 광명, 빛나는 불성 기운이 잠시간 활동하고 있는 것이 나요 너요, 또는 산이요 내요, 일체존재인 것입니다.

우리는 우리가 보는 견해가 옳지 않다는 것을 알아야 합니다. 범부미도(凡夫迷倒)라, 우리 중생은 거꾸로 보는 것입니다. 우리 중생은 전도몽상(顚倒夢想)이라, 거꾸로 꿈속에서 보는 것입니다. 그것을 알아야 꿈이 아닌 참다운 깨달음의 불교를 알 수가 있는 것입니다.

부처님께서 제일시교(第一時敎)에서 '사람은 비록 무아(無我)라, 공(空)했지만, 산소나 수소나 질소나 또는 일체 선(善)이다 악(惡)이다 일반 중생이 말한 그런 객관은 있다' 이렇게 말씀했지만, 이것은 중생이 너무나 허무할까 봐, 일반 중생들은 자기와 자기 권속, 자기 재산이 제일 중요한데 없다고 하면 너무나 허무를 느껴버리니까, 따라서 부처님께서 깊은 도를 한번에 바로 말씀을 못했습니다. 그래서 우선 '사람은 비록 공하다 하더라도 일체존재, 선이다 악이다 그런 것은 존재한다. 산소요 수소요 그런 것은 참말로 있다'라고 말씀하셨습니다.

지금 물리학자에게 '산소나 수소나 그런 것이 참말로 있다'고 하면 역시 그분들이 회의를 품을 것입니다. 다만 양성자, 중성자 그런 것이 모여서 활동하는 것, 운동하는 것을 가리켜서 어느 과정에 전자, 양성자, 그러는 것이지 '산소나 수소나 그런 것이 실제로 있지 않다'는 말입니다. 중성자나 전자, 그런 것의 결합 여하에 따라서 산소, 수소, 질소 그러는 것이지 산소면 산소가 따로 있는 것도 아니고 수소면 수소가 고유하게 있는 것도 아닙니다. 다만 어느 순간 그런 상황을 보일 뿐이란 말입니다. 모든 것이 다 무상한지라 하나의 과정에 불과합니다. 전자도 과정에 불과하고, 중성자도 과정에 불과합니다. 어떤 것이나 모두가 다 지금 지나가는 과정에 불과합니다. 변천하는 과정에 불과합니다. 그러기에 제행무상(諸行無常)인 것입니다.

2) 제이시교(第二時敎)

중생들의 근기가 높아져서 조금 더 총명할 때는 소승중(小乘衆)의, 소승(小乘)이라 하는 것은 '내가 원래 없지만 일반 객관은 존재한다' 그것이 소승입니다. 그러나 소승은 부처님께서 하고 싶은 법문의 참다운 내용은 못 됩니다. 그래서 제이시교(第二時敎)라, 일반 중생들의 근기(根機)가 수승(殊勝)하게 된 그때 부처님께서는 소승중의 실법의 집착을 파(破)하기 위해 일체만법이 다 비어 있다는 일체제법개공(一切諸法皆空)의 이(理)를 밝혔습니다.

이런 것이 우리가 항시 외우는 『반야심경(般若心經)』이나 또는 『금강경

(金剛經)』이나 『유마경(維摩經)』의 도리입니다. '모두가 다 비어 있다'는 말입니다. 사람만 무아(無我)가 아니라 우리가 보는 객관세계, 하늘에 있는 별이나 또는 어떤 것이나 모두가 다 비어 있다는 것입니다.

항시 말씀을 드립니다만 사실은 비어 있다는 정도, 이것은 현대물리학도 증명을 하는 것입니다. 그러나 물리학이 없었던 옛날에는 정말로 제법공(諸法空)이라 하는 그런 도리를 알기가 굉장히 어려웠을 것입니다. 옛날뿐만 아니라 설사 물리학을 배웠다 하더라도, '분석해서 들어가면 텅텅 비어버린다. 물질은 비어서 에너지만 남는다'는 것을 설사 안다 하더라도, '모두가 비어 있다'라는 말을 하면 굉장히 허무감을 느낍니다.

'무엇인가 있어야 할 것인데 왜 비었는가. 내가 분명히 있고, 내가 좋아하는 사람도 있고, 내가 미워하는 사람도 있는 것인데 왜 비어 있는 것인가' 이렇게 의단(疑團)을 품습니다. 그러나 진리는 진리입니다. 진리가 아니면 인간이 구하는 행복이라든가 참다운 자유, 참다운 평등, 참다운 민주화도 얻을 수가 없습니다. 지금 우리가 민주화를 부르고 참다운 자유를 부르짖지만 사실은 그런 것은 모두가 다 진리를 따라야 얻을 수가 있는 것, 진리를 따르지 못하면 얻을 수가 없는 것입니다.

그 진리는 무엇인가? 우선 '내가 비었다는 도리'를 알아야 합니다. 그와 동시에 '우리 객관이 다 비어 있다'는 것입니다.

앞서 말씀과 같이 우리 중생의 몸이 말하자면 지수화풍(地水火風) 사대(四大)로 구성되어 있습니다. 현대용어로 산소나 수소나 질소의 각 원소가 인연(因緣) 따라서 결합돼서 하나의 몸 세포가 된다고 하면, 산소나 수소나 질소나 그런 것은 과연 있는 것인가 말입니다.

부처님 법문에 따르면 지수화풍 사대, 즉 '지' 땅기운도 불가득(不可得)

이라 얻을 수가 없고, '수' 물기운도 불가득이라 얻을 수가 없고, 바람 '풍'도 역시 불가득이라 얻을 수가 없고, '화' 불기운도 불가득이라 얻을 수가 없고, 어떤 질료도 얻을 수가 없습니다. 어떤 것도 있는 것 없는 것 모두를 부처님 도리에서 본다고 생각할 때는 얻을 수가 없습니다.

『금강경(金剛經)』에 보면 '과거심불가득(過去心不可得)'이라 과거도 얻을 수가 없고, 또 '현재심불가득(現在心不可得)'이라 현재도 얻을 수가 없고, '미래심불가득(未來心不可得)' 미래도 얻을 수가 없습니다.

우리 중생이 하나의 물질을 중심으로 해서 물질이 변화되는 과정을 따라 지나가면 과거요, 아직 오지 않은 것은 미래라고 하지만 사실은 그러한 공간적인 물질을 떠나버리면 과거나 현재나 미래는 없습니다.

제가 이렇게 어렵게 말씀드리는 이유는 금타 대화상의「보리방편문」을 설명하려고 할 때 이런 선행적인 지식을 알지 못하면「보리방편문」을 제대로 이해하기 어렵기 때문입니다.

아무튼 부처님께서는 제일시교에서 우리 중생에게 결국은 '나는 무아(無我)인 것이다. 그러나 대상은 있다' 말씀하셨고, 그다음 제이시교에서는 '나만, 우리 주관만 공(空)이 아니라 객관적인 모두가 다 텅텅 비어 있다. 이른바 제법공(諸法空)이다'라고 말씀하셨습니다.

『반야심경(般若心經)』식으로 말하면 오온개공(五蘊皆空)이라, 오온(五蘊)이라 하는 것은 물질과 정신 아닙니까. 그런 오온이 다 비어 있습니다. 오온개공을 잘 모르면『반야심경』을 잘 모르는 것입니다. 오온이 다 비었음을 비춰봐야만 도일체고액(度一切苦厄)이라, 인생고(人生苦)를 구제할 수 있습니다.

우리는 인생고(人生苦)를 떠나서 참다운 행복을 구하지만, 오온개공을 모르면 연목구어(緣木求魚)입니다. 나무에서 고기를 구하는 것입니다. 진리를 떠나서는 참다운 자유도, 참다운 행복도 없습니다. 꼭 진리만이 우리를 자유롭게 하고 참다운 인생의 복지를 약속하는 것입니다.

이와 같이 부처님 도리로 본다고 생각할 때는 '다 비어 있다'는 말입니다. 어째서 비어 있는 것입니까? 인연 따라서 잠시간 합해 있기 때문입니다. 하나의 산소도 역시 중성자, 양성자가 적당히 합해 있는 것입니다.

중성자, 양성자가 몇 개 합해 있는가에 따라서 산소, 질소, 탄소 그런 구분이 있습니다. 이것을 떠나서는 산소나 탄소나 질소나 그런 것이 없습니다. 이것도 인연 따라서 잠시간 합해 있습니다. 그러면 전자나 중성자나 양성자나 그것은 무엇인가? 전자나 양성자나 중성자나 역시 에너지의 진동에 불과한 것이지 이것도 고유한 것은 아닙니다.

따라서 일체 모든 것은 에너지라고 하는, 우주의 정기(精氣)라고 하는 그것으로 다 돌아가고 마는 것입니다. 즉 우주의 정기, 에너지만 존재하는 것이지 인간이 볼 수 있는 일체 현상적인 것은 모두가 다 에너지의 적당한 결합, 적당한 활동, 적당한 운동에 불과합니다. 사실은 그렇게 모두가 텅텅 비어 있습니다.

따라서 현대물리학은 체험은 못했다 하더라도 유추해서 '일체만유(一切萬有)가 다 비어 있다'는 소식은 아는 것입니다. 불교가 아니더라도 '모두는 비어 있다. 나도 비어 있고 그야말로 너도 비어 있고, 일체만유는 다 에너지뿐이다. 모두가 에너지의 활동뿐이다'라고 아는 것이 현대물리학입니다. 그러나 이렇게 유추해서 분석을 통해 알 수 있지만 정말로 공도리(空道理)를 체험하기는 어렵습니다.

보살(菩薩)이라 하는 것은 공부를 해서, 체험을 해서 자기 몸도 환경도 텅텅 비어버린 것을 체험합니다. 이른바 우리가 참선도 많이 하고, 염불도 많이 해서 마음이 딱 통일이 되면 욕심이 줄어지고, 진심(瞋心)이 줄어지고, 이렇게 가다가 번뇌(煩惱)가 녹아지면 정말로 텅텅 비어버립니다.

이렇게 되면 주관도 공(空)이요, 객관도 공이요, 다 공인 소식을 공부를 해서 알 수가 있습니다. 자기라 하는 것이 이른바 죽음도 떠나는 것이고, 다 떠나는 것입니다. 이른바 항시 영원(永遠)의 자리에 있습니다.

이와 같이 제이시교에서는 모두가 공한 도리, 『반야심경』에서는 제법개공(諸法皆空)한 도리를 말했습니다. 그러나 다만 공만 된다고 생각하면 우리 불교는 너무 허망합니다. 그렇다면 석가모니께서 우리한테 애쓰고 말씀하실 필요도 없었습니다.

그러나 공이 아닌 무엇인가 있습니다. 비록 공이지만, 비록 우리가 보는 것은 허망하고 실존이 아니지만, 무엇인가 있기 때문에 결국은 인연이 있으면 사람이 생기고 무엇이 생기고 합니다.

사람이라는 것이, 엄밀히 본다고 생각할 때에, 우리가 보는 대로는 아니라 하더라도 무엇인가 가짜는 있습니다. 임시적·과정적이나마 무엇인가 있단 말입니다. 그것 보고 '거짓 가(假)', '나 아(我)' 즉 가아라 합니다. 우리 중생이 보는 망령된 나, 김 아무개 박 아무개 하는 그런 '나'는 사실은 존재할 수가 없습니다. 그러나 무엇인가는 있습니다. 이른바 가짜 아(我), 잠시간 있는 '나'는 분명히 있습니다.

그러면 무엇을 근거로 해 있는 것인가? 바로 앞서 말한 우주의 정기, 불교 말로 하면 불성(佛性)입니다. 현대적인 말로 하면 에너지가 되겠지요. 물질이 다 텅텅 비어서 우주가 파괴된다 하더라도 에너지만은 존재

합니다. 나중에 다시 에너지의 활동으로 우주가 생성되는 것입니다.

불교는 그와 같은 도리를 분명히 말했습니다. 우주가 파괴가 돼서 괴겁(壞劫)이라, 우주가 텅텅 비어서 그야말로 허공무일물(虛空無一物)이라 텅텅 빈 공겁(空劫)이 됩니다. 공겁이 된 뒤에는 다시 거기서 순수한 생명 기운으로 우주가 생성되는 것입니다.

이렇게 불교에서는 우주생성 원리까지 다 풀이했습니다. 물질은 다 비어버린다 하더라도, 우리가 보는 그런 허망한 것은 없어진다 하더라도, 참말로 있는 것은 불성이고 또는 순수에너지입니다.

3) 제삼시교(第三時敎)

그런 것을 말하는 것이 제삼시교(第三時敎)입니다. 보살(菩薩)의 공집(空執), 보살이 모두가 다 비었다 하는, 주관도 비고 객관도 비었다 하는 그런 공에 집착하는 것과, 또는 소승(小乘)의 유집(有執)이라, 소승은 없는 것을 있다고 보는데, 객관은 없는 것인데 일반 소승은 있다고 봅니다.

소승의 유집과를 파(破)하기 위해서 있다고 집착하는 것을 다 아울러서, 우리가 부정하기 위해서 비공비유(非空非有)라, 비어 있지도 않고 있지도 않다 말입니다. 우리 중생이 보는 대로 있지 않고, 또는 소승이 보는 대로, 아직 낮은 보살이 보는 대로 비어 있지도 않습니다. 정말로 비어 있지 않고, 정말로 있지도 않은 참다운 중도(中道)를 밝혔습니다. 이와 같이 중도실상(中道實相)이라, 중도를 밝힌 것이 부처님께서 우리에게 하고 싶은 마지막 말씀인 것입니다.

우리는 부처님께서 우리에게 하고 싶은 마지막 말, 이것을 꼭 취해야 합니다. '있다' 하는 것도, 또는 '비었다' 하는 것도 취해서는 안 됩니다. 비어 있지도 않고 있지도 않고 말입니다.

참다운 것, 영생(永生)으로 존재하는, 죽음과 또는 시간과 공간과 모두를 다 떠나서 항시 있는, 우주가 다 파괴된다 하더라도, 에너지 불멸이라, 에너지는 우주에 항시 있습니다. 따라서 깨달은 분들은 생사(生死)를 떠나서, 모두를 다 떠나서 항시 있는, 영원히 존재하는, 그러한 중도 실상의 불성을 보는 것이고 거기에 안주하는 것입니다. 그러기에 죽음도 없고, 또는 여러 가지 불행도 없는 것입니다.

우리는 이와 같이 선행적으로 부처님 가르침을 세 차원으로 나누어서 검토를 해 보았습니다.

가장 낮은 차원 제일시교(第一時敎)에서는 '나는 허망하고 그림자 같지만 객관적인 사물은 존재한다' 말씀하셨고, 그다음 제이시교(第二時敎)에서는 '나도 비어 있고 허망하지만 결국 객관도 모두가 텅텅 비어 있다'고 말씀하셨고, 제삼시교(第三時敎)에서는 '주관도 객관도 다 비어 있고 참말로 존재하는 진짜 내가 있다'라고 말씀하셨습니다.

부처님께서 우리한테 하시고 싶은 마지막 말씀은 참다운 나를 발견하는 것입니다. 이것이 부처님의 참다운 가르침입니다.

『법화경(法華經)』처럼 부처님 결론 같은 경전을 보면 부처님께서 사바세계(娑婆世界)에 나오신 뜻이 무엇인가 하면 무상대도(無上大道)를, 중도의 대도(大道)를, 어디에도 치우치지 않은 중도의 대도를 우리 중생이 알고 느끼고 깨달아서 자기 것으로 하게 하기 위해서입니다. 따라서 우리 불자님들도 마땅히 '중도(中道)'라고 하는 부처님의 마지막 법문을 꼭 느끼시고 아셔야만 참다운 해탈과 자유와 참다운 행복이 있다는 것을 느낄 수가 있습니다.

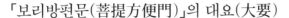

「보리방편문(菩提方便門)」의 대요(大要)
- 마음이 바로 부처

「보리방편문」의 골격을 간추려서 여기에 도식으로 표시했습니다. 이 「보리방편문」에서는 한마디로 심즉시불(心卽是佛), '마음이 바로 부처' 임을 말씀했습니다. '마음이 바로 부처'인 것을 말씀하신 것이 「보리방편문」의 줄거리입니다.

조금 복잡하게 이론 전개가 되어 있고 법문도 상당히 길지만, 한마디로 말하면 결국 심즉시불이라, '마음이 바로 부처'임을 도파(道破)했습니다. 이것이 방편문의 대의입니다.

분석해 놓고 보면 우리 마음은, 불심(佛心)과 중생심(衆生心)은 둘이 아닙니다. 나쁜 사람 마음이나 좋은 사람 마음이나 겉만 다르고 표면만 다른 것이지 속의 알맹이는 똑같은 것입니다. 석가모니 마음이나 예수 마음이나 공자 마음이나 마음의 깊이는 똑같은 것입니다. 다만 우리 중생의 마음의 계발 정도에 따라서 차이만 있습니다.

따라서 만물이 나와 더불어 둘이 아니고 일체중생이 나와 더불어 원

菩提方便門

心은 虛空과 等할새 淸淨法界에 性智로 森羅萬像이 化空으로 念念이 相續하야 虛空하고 心을 觀하야 淨月의 性을 觀하야 雲法界에 性을 起念하야 生滅이 無가 影集身의 하야 金色身과 無相 風迦여 生滅相하야 淨心과 觀하야 大光圓色人年 波와로 自至涌佛 佛衆生으로 數衆生의 大行을 이 無明滿衆生 釋迦牟尼佛 一無相 一大 廣盧星의 日動會合海中 念을 思惟 無邊那那山 佛情하 報身 와로 自至涌 空 常諸行을 虛空을 念의로 淨盧星의로다 다시 一如相 性 一如相 阿彌陀法 此가 佛衆 河衆 량의 水舍宿有情하 彼 無相 報阿彌陀法 心에 隨 佛衆生 量의 隨

보리방문편

래 하나란 말입니다. 불교뿐만 아니라 유교나 도교도 이런 말씀을 했습니다. 만물이 나와 더불어서 둘이 아니고, 일체중생이 나와 더불어서 하나란 말입니다. 이것을 먼저 알아야 하는 것입니다. 이걸 안다고 생각할 때에는 자기만 잘되기 위해서 남을 구박할 수가 없습니다.

어느 사람 마음이나 모두가 다 바로 부처입니다. 한계나 간격이 있는 것이 아니라 김가 마음이나 박가 마음이나, 또는 공부를 좀 한 사람 마음이나, 누구 마음이나 모두가 다 간격도 없이 바로 부처입니다. 차이가 있고 간격이 있는 것이 아니라 바로 부처입니다. 이렇게 생각할 때는 '나처럼 못나고 업장 많은 사람이 왜 부처일 것인가' 의심을 갖겠지요.

그러나 그것은 우리 중생이 어두워서 즉 무명심(無明心)이라, 여기서 무명(無明)이란 말이 굉장히 소중한 표현인 것입니다. 밝지 않단 말입니다. 우리한테 있는 불성(佛性), 부처님 마음은 훤히 밝아서 우주를 다 비추는 것인데 우리 중생은 업장에 가려서 밝지 않기 때문에 내 마음을 내가 다 모릅니다. 무명 때문에 몰라서 그런 것이지 잘나나 못나나 좀 덜 배우나 많이 배우나 모두가 다 그 사람 마음이 바로 부처입니다.

그러기에 심즉시불(心卽是佛)이라, 마음이 바로 부처인 것인데, 그 마음 자리를 바로 부처라 하면 너무 싱겁고, 또 부처님의 가르침이 하도 복잡하니까 부처님 경전 따라서 조금 더 해설을 해야 하겠지요. 부처님 경전 따라서 가장 체계적으로 한 해설이 바로 「보리방편문」식 해설입니다.

우리 마음의 근본 본체를 법신(法身)이라 합니다. 또 그것을 불교 말로 좀 어렵게 표현하면 '청정법신(淸淨法身) 비로자나불(毘盧遮那佛)'이라 합니다.

이것은 부처님 경전에 있는 법문입니다. 따라서 「보리방편문」은 불경(佛經)에 있는 귀중한 술어를 많이 인용(引用)했습니다. 그렇게 해야만 상관성 있게 이해할 수가 있겠지요. 우리 마음의 근본(根本) 체성(體性), 본체를 법신이라 하는 것이고, 조금 더 구체화시켜서 말하면 청정법신 비로자나불입니다. 우리말로 새기면 대일여래(大日如來)입니다. 대일여래는 우주를 훤히 비추고 있는 생명의 광명이 가득 찬 우주라는 뜻입니다.

대일여래라는 것은 큰 대(大), 날 일(日), 이런 태양 같은 광명이 아니라, 몇천 배 몇만 배나 더 밝은 우주의 광명, 우주의 생명을 말합니다. 우리말로 새기면 광명변조(光明遍照)라, 태양보다 훨씬 더 밝은 광대무변(廣大無邊)한 광명의 부처란 말입니다.

우리 마음에 있는 본(本) 체성(體性)은 광명변조(光明遍照)라, 우주에 우리 마음의 광명이 꽉 차 있습니다. 잘나나 못나나 미련한 사람이나 벙어리나 모두가 다 우리 마음의 본래 자리, 바닥은 모두가 다 천지우주에 꽉 차 있는 광명입니다. 다만 우리 중생은 미처 못 보는 것이고 성자는 분명히 거기에 하나가 됐습니다. 그런 청정법신 자리, 우리 마음의 본체 자리에 들어 있는 자비(慈悲)나 지혜(智慧)나 일체공덕(一切功德)을 보신(報身)이라 합니다.

인간성(人間性)의 본바탕이 법신인데, 인간성뿐만 아니라 일체존재를 다 말하는 것입니다. 불교를 조금 더 보편적으로 얘기하지 않고서 협소하게 말하는 사람들은 '법신은 사람만의 본체다' 이렇게 말할지 모르겠지만 부처님 뜻은 그렇게 좁지 않습니다. 유정(有情), 무정(無情), 유상(有相), 무상(無相) 일체존재(一切存在)를 말한 것입니다. 산이나 내[川]나 물질이나 모든 존재들의 가장 근본이 되는 본체를 법신이라 합니다.

또한 그 법신 속에 본체에 들어 있는 모든 공덕(功德), 지혜나 자비나 능력이나 일체의 가능성을 보신(報身)이라 합니다. 이것을 보다 더 구체화시키면 '원만보신(圓滿報身) 노사나불(盧舍那佛)'이라 합니다. 이것을 또 우리 뜻으로 달리 말하면 정만성해(淨滿性海)라, 즉 일체공덕이 갖춰져 있는 성품의 바다와 같습니다.

「보리방편문」은 이렇게 굉장히 고도한 체계를 갖추고 있습니다. 팔만사천 법문 가운데 가장 어렵고 가장 중요한 것이지만, 우리가 꼭 알아두어야 합니다. 어째서 그런가 하면, 다른 종교와 비교해서 '불교가 어째서 위한가. 현대과학보다도 불교가 어째서 앞서는 것인가' 또는 '같은 불교 내에도 어떠한 것이 부처님 가르침 가운데 가장 골수인 것인가' 이것을 알아야 하기 때문입니다.

이렇게 아는 것은 좋은 아버지, 좋은 어머니 또는 좋은 스승이 되기 위해서 꼭 필요한 것입니다. 불교 가운데서 가장 압축된 정수의 가르침, 또는 각 종교 가운데서 불교가 으뜸 되는 의의, 또는 과학 만능시대, 과학이 도리어 주인이 되어 있고 인간이 끌려가는 현대에 있어서 불교가 과학보다 더 앞서 있다는 증거, 이것을 알아야 하기 때문에 이런 법문은 꼭 필요한 것입니다.

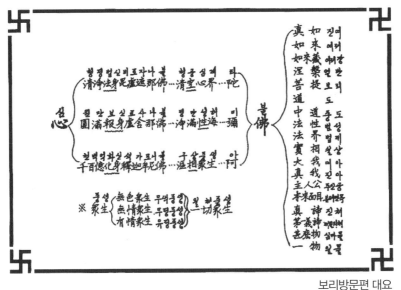

보리방문편 대요

인생과 우주의 모든 존재의 근본이 법신(法身)인 것이고, 또 그 법신에 포함되어 있는 일체공덕이 보신(報身)입니다. 또 거기에서 우러나는 일체 현상적인 것은 모두가 다 화신(化身)입니다.

법신, 보신, 화신. 이것을 잘 새겨두십시오. 오늘 「보리방편문」을 가져 가셔서 천 번 만 번 보시면 굉장히 큰 도움이 될 것입니다. 금생뿐 아니라 세세생생에 큰 보배가 될 것입니다. 나중에 꼭 그렇게 아실 때가 있을 것입니다.

법신(法身) 이것은 인생과 우주의 본래 자리입니다. 순수생명 자리 이것이 법신인 것입니다. 법신에 들어 있는 모든 공덕, 지혜·능력·자비·행복 일체가 다 들어 있는, 불교적인 표현으로 하면 '일만공덕(一萬功德)이 원만구족(圓滿具足)이라' 만공덕(萬功德)이 원만히 갖추어져 있는, 이것이 보신입니다. 그 자리에서 산이요 내[川]요 사람이요 또는 일체중생이 나옵니다. 그래서 현상적인 모두는 화신(化身)입니다.

이와 같이 불교 가르침은 모든 우주를 다 통틀어 있습니다. 따라서 우리 인간 역시 화신 자리에서는 현상적인, 형상화된 자리에서는 조그마한 인간밖에 안 되지만, 우리 마음 깊이에서는 결국 보신, 법신 자리는 다 똑같아집니다. 이것을 아셔야 합니다.

무변대해(無邊大海)에서 천파만파 파도가 일어납니다. 천 개 만 개 또는 몇십 억의 거품이 일어납니다. 따라서 그 거품이나 파도는 높고 낮고 거품도 적고 크고 하겠지요.

그런 차이가 있는 것과 마찬가지로 진리의 바다도 그렇습니다. 우주란 것은 법신이라 하는 순수한 생명으로 충만해 있습니다. 순수한 생명은 그냥 아무것도 없는 텅 빈 것이 아니라 일체 공덕을, 행복이나 자비나 지혜를 다 갖추고 있는 것이 가득 차 있습니다. 천지우주의 그런 광명의 일체 진리와 일체 공덕이 다 들어 있는 진리의 바다 가운데서 일어나는 일체존재가 사람이요 하늘에 있는 별이요 산입니다. 그런 가운데 우리가 있습니다.

따라서 우리 고향은 법신이고 보신입니다. 법신·보신은 영원히 변동이 없습니다. 불생불멸(不生不滅)하고 불구부정(不垢不淨)하고 부증불감(不增不減)이라, 더함도 없고 덜함도 없고 또는 낳지도 않고 죽지도 않습니다. 또는 더럽지 않고 청정하지 않고 영원히 존재하는 에너지의 세계가 법신·보신입니다.

이 자리에 갖춰져 있는 여러 가지 인연의 힘으로 해서 인연력(因緣力)이라, 부처님 법문 식으로 하면 무시이래(無始以來)의 인연력이라, 부처님 법문이라는 것은 그야말로 심심 미묘합니다. 우주에 갖춰져 있는 인연의 힘으로 해서 산하대지(山河大地) 삼라만상(森羅萬象)이 나옵니다. 이것도 보다 세밀한 해석이 있습니다만 전문적인 자리가 아니기 때문에 간단히 말씀드립니다. 아무튼 이와 같이 「보리방편문」의 지혜, 이것은 비단 자기뿐만이 아니라 일체 우주를 다 통괄해 있습니다.

내 마음을 파고 들어가도 법신·보신인 것입니다. 하나의 원소나 어떤 것이나 모두가 다 파고 들어가면 역시 다 법신이고 보신이고 화신인 것입니다. 다만 현상적인 차이에서만 강씨, 박씨, 이씨의 차이가 있는 것이고, 두두물물(頭頭物物)로 차이가 있습니다만, 보신과 법신 차원에서는 모두가 하나란 말입니다.

따라서 모두가 하나인 자리를 훤히 보고 있는 성자(聖者)가 자기만 위하고 남을 학대할 수가 있겠습니까. 우리 중생은 화신 경계에, 현상적인 세계에 얽매인 것이고, 성자는 우주가 바로 부처란 말입니다. 법신만 부처가 아닌 것이고, 또는 보신만도 부처가 아닌 것이고, 현상이나 실상이나, 현상이나 절대나, 상대나 절대나 모두 합해서 부처란 말입니다. 따라서 우주가 바로 부처님입니다.

석가모니 부처님은 우주의 진리를 깨달아서 우주와 하나가 된 분이십니다. 석가모니 부처님뿐만 아니라 어떤 도인이나 철저하고 좀 덜 철저하고 차이는 있다 하더라도 우주의 진리, 법신과 보신을 깨달은 분입니다. 우리 중생도 금생에는 못 깨닫는다 하더라도 원래 우리 생명의 바탕이 바로 법신이요 보신이기 때문에 언젠가는 법신·보신이 돼야 하는 것입니다. 못되면 항시 뱅뱅 윤회(輪廻)를 하겠지요. 사람으로 소로 개로 돼지로 왔다 갔다 합니다.

꼭 우리 인간은 반드시 법신·보신·화신이 되어서, 깨달아서 부처가 되어야 하는 것입니다. 다만 게으른 사람들은 금생에 못되고, 내생에도 못될 것이고 부지런하고 정말로 바른 사람들은 금생에 될 것이고, 금생에 못되면 내생에 되고 할 것입니다.

이와 같이 부처 자리를 중생이 잘 모르니까, 부처님께서 그때그때 경전 따라서 사람 따라서 달리 표현을 했습니다. 더러는 부처를 진여(眞如)라, 불성(佛性)이라, 법성(法性)이라, 실상(實相)이라, 중도(中道)라, 보리(菩提)라, 열반(涅槃)이라, 여래(如來)라, 주인공(主人公)이라 표현했습니다. 부처란 말이나, 주인공이란 말이나, 여래란 말이나, 열반이란 말이나, 보리란 말이나, 또는 중도란 말이나, 실상이나, 법성이나, 진여나 똑같은 뜻입니다.

따라서 이렇게 알고서 불경을 본다고 생각할 때는 어느 불경을 보든지

'아! 그렇구나', '이 불경은 공(空)을 주로 말했구나', '이 불경은 유(有)를 주로 말했구나', '이 불경은 부처님의 본래면목(本來面目) 자리를 바로 말씀하신 거구나'라고 우리가 짐작할 수가 있습니다. 이런 골격으로 이루어진 것이 「보리방편문」의 진리입니다.

'마음이 바로 부처'인 것을 말한 것인데 마음 자리, 마음 본성이 바로 법성인 것이고, 법신 속에 들어 있는 모든 공덕이 보신이고, 또는 법신·보신에서 이루어진 일체존재 즉 사람이나 산이나 별이 화신입니다. 우리 중생은 화신 가운데 개별적인 하나란 말입니다. 따라서 화신에만 차이가 있는 것이지 법신·보신에서는 모두가 다 하나가 되어버립니다.

여기서 더 알아 둘 것은 화신이 됐다 하더라도 지금 나와 너는 정말로 차이가 있는 것은 아닙니다. 우리 중생이 봐서 차이가 있는 것이지, 바로 본다고 생각할 때에는 화신이 된 이 자리에서 김 아무개란 사람, 박아무개란 사람, 그 사람도 역시 분리된 별도의 존재가 아닙니다.

현대물리학을 공부한 우리 젊은 세대는 다 아는 문제 아니겠습니까. 비록 나와 네가 이 둘로 있다 하더라도, 나와 너와 성이 다르더라도 근본에서 볼 때는 하나입니다. 어째서 하나인 것인가. 우리 중생이 사는 데는 다 공간이 있습니다. 공간 속에는 산소나 수소 같은 공기가 꽉 차 있습니다. 공기가 있다고 생각할 때에 역시 전자나 양성자나 중성자로 꽉차 있습니다. 그런 것은 에너지로 구성되어 있습니다. 모든 소립자 같은 것은 에너지의 파동에 불과합니다. 에너지가 없는 공간이 있습니까. 에너지 기운, 정기가 없는 공간은 없습니다.

나와 남은 차이가 있어 보이지만 우리 중생이 잘못 봐서 그런 차이가 있어 구분하는 것이고 달리 보이는 것이지, 원자의 차원 또는 에너지의 차원에서 본다고 생각할 때는 결국은 딱 붙어 있습니다.

내 몸도 산소나 수소나 질소로 구성되어 있습니다. 내 몸과 네 몸 사이 공간도 역시 산소나 수소나 질소의 결합 정도에 차이가 있는 것이지 결국은 다 정기로 충만해 있습니다. 그러기에 어떤 사람과 나와도 결국은 다 붙어 있는 것입니다. 우주가 모두 다 남남이 아닙니다. 다만 중생은 그런 에너지 정기로 가득 찬 공간적인 이치를 모르는 것이니까 '나와 남이 따로 있다'고 하는 것이지, 공간의 이치를 안다고 생각할 때는 결국은 나와 남을 구분할 수가 없습니다. 이런 선행적인 지식을 두고서 이 「보리방편문」을 공부하도록 합시다.

나무아미타불! 나무아미타불! 나무본사아미타불!

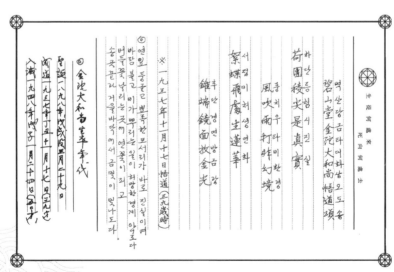

벽산당 금타 대화상 오도송

금타 대화상

「보리방편문(菩提方便門)」의
실상염불선(實相念佛禪)과
심즉시불(心卽是佛)

菩提方便門(보리방편문)

心은 虛空과 等할새 片雲隻影이 無한 廣大無邊한 虛空的 心界를 觀하면서
淸淨法身인달하야 毘盧遮那佛을 念하고 此虛空的 心界에 超日月의 金色
光明을 帶한 無垢의 淨水가 充滿한 海象的 性海를 觀하면서 圓滿報身인달
하야 盧舍那佛을 念하고 內로 念起念滅의 無色衆生과 外로 日月星宿山河
大地森羅萬象의 無情衆生과 人畜乃至 蠢動含靈의 有情衆生과의 一切
衆生을 性海無風金波自涌인 海中漚로 觀하면
서 千百億化身인달하야 釋迦牟尼佛을 念하고 다시 彼無量無邊의 淸空心
界와 淨滿性海와 漚相衆生을 空.性.相 一如의 一合相으로 通觀하면서 三
身一佛인달하야 阿(化)彌(報)陀(法)佛을 常念하고 內外生滅相인 無數衆
生의 無常諸行을 心隨萬境轉인달하야 彌陀의 一大行相으로 思惟觀察
할지니라.

보리(진리)를 깨닫는 방편문

마음은 허공과 같을 새 한 조각 구름이나 한 점 그림자도 없이 크고 넓고 끝없는 허공 같은 마음 세계를 관찰하면서 청정법신인 비로자나불을 생각하고, 이러한 허공 같은 마음 세계에 해와 달을 초월한 금색 광명을 띤 한없이 맑은 물이 충만한 바다와 같은 성품바다를 관찰하면서 원만보신인 노사나불을 생각하며, 안으로 생각이 일어나고 없어지는 형체 없는 중생과 밖으로 해와 달과 별과 산과 내와 대지 등 삼라만상의 뜻이 없는 중생과 또는 사람과 축생 꿈틀거리는 뜻 있는 중생 등의 모든 중생들을 금빛 성품바다에 바람 없이 금빛파도가 스스로 뛰노는 거품으로 관찰하면서 천백억화신인 석가모니불을 생각하고, 다시 저 한량없고 끝없이 맑은 마음 세계와 청정하고 충만한 성품바다와 물거품 같은 중생들을 공과 성품과 현상이 본래 다르지 않은 한결같다고 관찰하면서 법신, 보신, 화신의 삼신이 원래 한 부처인 아미타불을 항시 생각하면서 안팎으로 일어나고 없어지는 모든 현상과 헤아릴 수 없는 중생의 덧없는 행동들을 마음이 만 가지로 굴러가는 아미타불의 위대한 행동 모습으로 생각하고 관찰할지니라.

앞서 말씀과 같이 우리는 '마음이 바로 부처'인 것을 갈파(喝破)했습니다. 도파(道破)한 것이 바로 「보리방편문」 법문의 골격입니다.

방편문이라! 진리를 사람의 말이나 문자로 표현한 것이 아무리 위대하다 하더라도 그것이 바로 진리는 못 되는 것입니다. 그러기에 방편이란 말을 썼습니다. 결국은 진리에 들어가는 방편의 문입니다.

도인들은 이와 같은 말도 굉장히 신중하게 합니다. 제아무리 고도한 학문이나 이론체계라 하더라도 그것이 바로 진리는 못 됩니다. 진리에 들어가는 참다운 보리, 참다운 보리는 앞서 말씀과 같이 도나 불성이나 열반이나 같은 뜻입니다. 진여실상이나 같은 뜻입니다. 이러한 참다운 도에 들어가는 문이란 말입니다.

심(心)은 허공(虛空)과 등(等)할 새 ;

마음은 허공과 같을 새, 우리는 우리 마음을 지금 볼 수 없습니다. 여기에서 마음 풀이 이것은 부처님께서 마음을 풀이한 그대로를 말한 것입니다.

제2석가라는 용수 보살이 『보리심론(菩提心論)』에서 마음에 대해서 풀이를 하셨는데, 그 압축된 골수를 금타 대화상이 참선 중에 감득하신 것으로, 「보리방편문」 이것은 용수 보살의 『보리심론』의 마음 풀이 내용을 압축시켜서 골격만을 말한 것이라 볼 수 있습니다.

우리 마음은 무엇인가 하면, 바로 부처님께서 우리 인간성이 무엇인가를 풀이했다고 보시면 됩니다.

우리 마음은 허공과 같다는 말입니다. 허공은 한계가 없습니다. 우리 마음은 비록 패쇄(敗衰)가 되어서 내 마음 네 마음 그래서 옹졸하고 좁습니다. 달마 스님의 『관심론(觀心論)』 서두에 마음을 관찰하는 법이 있습니다만 '심심심(心心心) 난가심(難可尋)이라' 우리 마음을 얻기가 어렵단 말입니다. 우리 마음이 무엇인가? 그 문제를 얻기가 어렵다는 말입니다.

어떤 철학이나 '인간성이 무엇인가?' 하는 문제를 제기했지만, 그 문제에 관해서 확실한 해답은 못 내렸습니다. 부처님 가르침만이 우리 마음이 무엇인가에 대한 확실한 해답을 내렸습니다.

따라서 우리 불교인들은 먼저 마음이 무엇인가를 알아야 합니다. 잘난 사람 마음이나, 못난 사람 마음이나 모두가 마음의 본체는 허공과 똑같은 것입니다. 똑같기 때문에 그것은 광대무변(廣大無邊)합니다.

제가 한 번 쭉 읽고서 설명 드리겠습니다.

심(心)은 허공(虛空)과 등(等)할 새;
마음은 허공과 같을 새,

편운척영(片雲隻影)이 무(無)한 ;
조금도 구름 같은 어떤 흔적이나 흐림이 없는

광대무변(廣大無邊)의 허공적(虛空的) 심계(心界)를 관(觀)하면서;
넓고 크고 또는 갓이 없는 허공 같은 마음 세계를 관찰하면서

청정법신(淸淨法身) 인달하야 비로자나불(毘盧遮那佛)을 염(念)하고;
그 허공과 같은 끝도 갓도 없는 허공 세계, 마음 세계 그것이 불교식으로 표현하면 청정법신 비로자나불입니다. 우리 마음 자리가 허공같이 끝도 갓도 없는 그런 넓은 자리를 불교식으로 표현하면 청정법신 비로자나불이란 말입니다.

마음은 생명이기 때문에 우리가 생명이면 우리 마음도 응당 생명이겠지요. 따라서 마음은 생명이기 때문에 부처님 이름으로 표현하면 청정법신 비로자나불입니다. 이것을 우리가 관찰하고, 끝도 갓도 없는 광대

무변한 허공 같은 그 자리가 부처의 이름으로 하면 청정법신 비로자나불이고, 이렇게 비로자나불을 생각하고,

차(此) 허공적(虛空的) 심계(心界)에 초일월(超日月)의 금색광명(金色光明)을 대(帶)한 무구(無垢)의 정수(淨水)가 충만(充滿)한 해상적(海象的) 성해(性海)를 관(觀)하면서;

이와 같은, 허공 같은 끝도 갓도 없는 광명변조(光明遍照)의 마음의 세계에 해와 달보다도 더 밝은, 해와 달과 비교할 수 없는 그런 찬란한 금색광명(金色光明)을 띠고 있는, 조금도 찌꺼기나 때가 없는 아주 청정한 물의 맑은 정기가 충만한 그런 바다와 바다에 바닷물이 가득 차 있듯이 훤히 트여 있는 광대무변한 마음 세계에 청정한 정기가 가득 차 있습니다.

원만보신(圓滿報身) 인달하야 노사나불(盧舍那佛)을 염(念)하고;

청정한 정기가 가득 차 있는 그것이 즉 말하자면 원만보신(圓滿報身) 노사나불(盧舍那佛)입니다. 원만보신 노사나불을 생각하고,

내(內)로 염기염멸(念起念滅)의 무색중생(無色衆生)과;

그리고 안으로 생각이 일어나고 생각이 없어지는 '좋다, 궂다, 나요, 너요' 하는 그런 생각인 무색중생과, 우리는 중생이라고 하면 사람만 중생이라고 생각하기 쉽습니다만 본래적으로 본다고 생각할 때 우리 사고 활동도 결국은 하나의 중생이라고 하는 것입니다. 이것은 물질이 아닙니다. 생각이 일어나고 없어지는 그런 사고 활동인 무색중생과

외(外)로 일월성수(日月星宿) 산하대지(山河大地) 삼라만상(森羅萬象)의 무정중생(無情衆生)과;

또는 밖으로 눈에 보이는 해요 달이요 별이요 산이요 내[川]요 또는 대지요 그런 삼라만상의 무정중생과 즉 말하자면 의식이 없는 중생과

인축(人畜) 내지 준동함령(蠢動含靈)의 유정중생(有情衆生)과의 일체중생(一切衆生)을;

또는 사람이나 축생이나 꿈틀거리는 곤충이나 이러한 유정중생(有情衆生)과의 모든 중생을, 우리가 중생 그러면 우리 사고 활동인 무색중생(無色衆生), 또는 의식이 없는, 산이요 내[川]요 하는 그런 무정중생(無情衆生), 인간이나 축생이나 그런 유정중생(有情衆生) 이런 것이 모두가 다 중생에 해당합니다. 이런 일체중생(一切衆生)을

성해무풍(性海無風) 금파자용(金波自涌)인 해중구(海中漚)로 관(觀)하면서;

광대무변한 마음 자리에, 금색(金色)의 생명이 충만해 있는 그 자리에 바람은 없지만 금색광명, 즉 말하자면 생명이 스스로 뜁니다. 그 가운데 들어 있는 에너지가 스스로 작용합니다. 스스로 뛰는 바다 가운데 거품으로 우리가 관찰합니다. 관찰하면서

천백억화신(千百億化身) 인달하야 석가모니불(釋迦牟尼佛)을 염(念)하고;

천백억화신이라, 천지우주에 있는 여러 가지 현상은 하도 수가 많으니

까 어떻게 헤아릴 수가 없습니다. 따라서 이런 것을 가리켜서 천백억화신(千百億化身)이라 표현했습니다.

우리가 좁은 의미에서는 석가모니 부처님 하면 역사적인 석가모니를 말하지만, 광범위한 의미에서는 일체존재를 다 석가모니 부처님이라 하는 것입니다. 불교는 '이(理)와 사(事)'를 구분해서 해석을 하는 것입니다.

다시 말하면 좁은 의미에서 부처님은 인도에서 나오신 역사적인 석가모니 부처님, 광범위하게는 나나 너나 일체존재 모든 현상 모두가 다 석가모니불이란 말입니다.

다시 피(彼) 무량무변(無量無邊)의 청공심계(清空心界)와 정만성해(淨滿性海)와 구상중생(漚相眾生)을;

다시 되풀이해서 저 무량무변의 끝도 갓도 없는 청공심계와 텅 비어 있는 마음 세계와, 또는 마음 세계에 가득 차 있는 생명의 광명 그 세계와, 또는 거기서 거품같이 일어나는 모든 중생을, 구생중생을, 구(漚)자는 '거품 구' 자입니다. 거품 같은 중생을

공(空)·성(性)·상(相) 일여(一如)의 일합상(一合相)으로 통관(通觀)하면서;

공·성·상 텅텅 빈 청공심계, 또는 그 자리에 가득 차 있는 모든 공덕인 정만성해, 거기서 일어나는 거품 같은 중생의 현상세계 이런 것이 결국은 하나란 말입니다. 셋이 아니라 하나인 일합상(一合相)으로, 하나로 합해 통일해서 관찰하면서

삼신일불(三身一佛) 인달하야 아(阿;化) · 미(彌;報) · 타(陀;法) 불(佛)을 상념(常念)하고;

삼신일불이라, 청정세계의 법신(法身)과, 거기에 들어 있는 모든 공덕(功德)인 보신(報身)과, 거기에서 이루어지는 일체현상인 화신(化身), 이 세 몸이 결국은 하나인 아미타불(阿彌陀佛)입니다. 아미타불은 저 극락세계에 계시는 교주이면서 우리 중생을 영접도하고, 우리 중생의 행복을 받아잇는 그런 부처님이지만, 또 한 가지 가장 근원적인 뜻은 바로 우주가 아마타불인 것입니다.

우리 중생의 본질도 역시 아미타불입니다. 다만 우리 중생이 번뇌(煩惱)에 가리어서 미처 모르고 있습니다. 어떠한 것이나 모두가 다 본래 성품은 아미타불이고 관세음보살인데 우리 중생은 모르는 것이고, 성자는 관세음보살이나 아미타불과 하나가 되어 있습니다. 그런 차이뿐인 것입니다. 번뇌가 있으면 못 보는 것이고, 번뇌가 없으면 훤히 하나가 되어서 우주와 더불어서 영생합니다.

이와 같이 법신과 보신과 화신, 세 가지 몸, 부처님의 본래 자리, 본래 근본 자리에 있는 법신과, 또는 법신에 갖춰져 있는 모든 공덕과 거기에서 일어나는 일체존재가 결국은 셋이 아닌 하나의 몸, 바로 아미타불입니다. 아미타불을 항상 생각하고

내외생멸상(內外生滅相)인 무수중생(無數衆生)의 무상제행(無常諸行)을;

내외 생멸상인 자기 마음으로 생각이 일어나고 없어지고 하는 것이나, 자기 눈으로 보는 별이요 산이요 남이요 나요 좋다 궂다 하는 모든 것

의 생하고 멸하는 일체중생의, 한도 끝도 없는 중생의 무상제행을 그때그때 변동해서 마지않는 일체 행위를 어떻게 봐야 하는가 하면

심수만경전(心隨萬境轉) 인달하야;

심수만경전이라, 마음이라 하는 것이 만 가지 경우에 따라서 변전(變轉)합니다. 산이나 내[川]나 사람이나 모두가 다 마음이 그때그때 경우에 따라서 변동도 하고, 또는 그때그때 작용도 하는 활동에 불과한 것입니다.

그러기에 불교는 일체유심조(一切唯心造)라, 모두가 마음뿐입니다. 다만 마음이 어떻게 활동하고 있는 것인가. 마음이 어떤 상(相)을 내는 것인가. 마음이 활동해서 상을 내면 우리 중생은 마음 자체는 못 보고 상만 보니까 나요 너요 구분합니다.

부처님의 그런 상에 대한 비유담이 있습니다. 가장 적의한 것이 우리가 횃불을 빙빙 돌리면 불 동그라미가 나옵니다. 그 불 동그라미가 사실 있지는 않지만 그렇게 돌리면 우리 중생들은 불 동그라미로 봅니다.

그와 똑같이 우리 인간이라는 것은 사실 각 원소가 결합되어서 분자 구조가 되고 하나의 세포가 되어서 운동을 하고 있는 것인데, 우리 중생은 운동하는 그 현상만 보는 것이지 본질은 안 보입니다. 즉 우리 중생은 현상적인 상만 보는 것이고, 도인들은 상도 보지만 상을 떠나서 결국은 본 성품을 봅니다.

"상을 내지 마라. 누구한테 베풀어도 상을 내지 마라. '나'라는 상을 내지 마라. '너'라는 상을 내지 마라" 이런 말씀이 있지요. 우리 중생들은 상만 보고 본 성품을 못 봅니다. 중생과 성자의 차이는 성자는 본 성품

을 보는 것이고, 우리 중생은 상, 곧 겉만 보는 것입니다.

일체존재가 나나 너나 또는 하늘에 있는 별의 순환 과정이나 모두가 다 마음이라 하는, 우주의 실상은 마음입니다. 우주의 실존은 마음입니다. 우주 안에는 결국 에너지뿐인 것입니다. 에너지 활동에 불과한 것인데 우리 중생들은 활동 양상만 보는 것이지 에너지 자체는 모릅니다.

마음이, 에너지가 그때그때 경우에 따라서 인과(因果)의 법칙(法則)을 따라서 그때그때 운동하고 활동합니다. 마음이 만 가지 경우에 따라서 변하는

미타(彌陀)의 일대행상(一大行相)으로 사유관찰(思惟觀察)할지니라;

미타의 일대행상으로, 법신(法身)과 보신(報身)이 미타입니다. 미타의 일대행상으로 생각하고 관찰할지니라.

「보리방편문」은
마음의 체계(體系)이자
우주(宇宙)의 체계

「보리방편문」, 이것은 우주의 체계입니다. 우리 마음의 체계인 동시에 또는 불성(佛性) 체계, 우주의 체계입니다. 따라서 우리가 이것을 소화한다고 생각할 때에는 외람된 말씀이 아니라 팔만대장경(八萬大藏經)을 거의 다 소화하는 것이나 같은 것입니다.

팔만대장경 가운데 가장 고도한 법문이 천태지의(天台智顗) 선사가 체계를 세운 이른바 천태학(天台學)입니다. 천태지의 선사는 공(空)·가(假)·중(中)이라, 인연 따라서 생겨난 법은 모두가 다 텅텅 비어 있는 '공(空)'이다, 그러나 다만 비어 있는 것이 아니라, 인연이 합해지면 '가(假)'가 있다, 또는 '공(空)'도 아니요 '가(假)'도 아닌 참다운 진리는 중도(中道)라고 한 체계를 세웠습니다. 이런 체계가 불교철학 가운데서 가장 고도한 철학입니다.

「보리방편문」은 이런 체계를 염불하는 체계와 합해서 하나의 체계로 묶었습니다. 그렇기 때문에 이 체계만 두고 본다고 생각할 때에는 사실은 불교의 가장 어려운 것을 아는 것이나 똑같은 것입니다.

제가 더 부연해서 말씀드리고자 하는 것은 바로 참다운 염불, '참다운 염불은 어떻게 할 것인가?' 또 '참다운 선(禪)과 염불(念佛)은 무엇인가?' 그리고 또 '참다운 선과 염불은 둘이 아니다'라는 것입니다.

우리 불교인들 치고 염불을 외면하는 사람이 있겠습니까. 지금 염불에 대한 뜻을 잘 모르는 사람들은 '염불은 하근중생(下根衆生)이 한다. 참선은 근기가 높고 수승한 사람들이 하고, 염불은 공부도 않고 미혹한 사람들이 한다'고 폄하하지만 사실은 그렇지가 않습니다. 부처님께서 하신 말씀 가운데 염불 말씀이 제일 많습니다. 200부 이상, 책 권수로는 몇천 권 되겠지요. 200부 이상 가운데서 염불을 말씀했습니다.

그러나 그런 염불은 방편염불(方便念佛)과 진실염불(眞實念佛)로 차이가 있습니다. '아미타부처님이나 관세음보살님이 저 밖에 계신다. 밖에 계셔서 우리가 부처님을 간절히 염불하면 우리한테 오셔서 돕는다'는 염불은 방편염불입니다. 이런 염불은 부처님께서 우리한테 꼭 하시고 싶어 한 염불 공부의 뜻이 아닙니다.

분명히 잘 새기셔야 합니다. 염불하는 방법에 방편과 진실이 있습니다. 방편염불은 부처님을 자기 밖에다 두고서, '나와 부처님은 다른 것인데 내가 부처님한테 간절히 기원드리면 부처님이 나를 돕는다'고 하는 것이 방편염불인 것입니다.

참다운 진실염불은 부처와 내가 둘이 아닙니다. 내 본래면목(本來面目), 내 본래생명자리도 역시 똑같은 법신·보신입니다. 석가모니 부처님과 나와 마음 바탕은 조금도 차이가 없이 똑같습니다. 강도나 내 마음이나 마음 자리는 똑같습니다. 예수 마음이나 내 마음이나 마음 자리는 똑같습니다. 다만 겉만 차이가 있습니다. 상만 차이가 있지 본 성품은 똑같습니다.

따라서 일체존재는, 나나 너나 산이나 내[川]나 하나의 곤충이나 모두가 다 부처님 성품을 바탕으로 했습니다. 어떤 거품이나 어떤 파도나 똑같이 물을 바탕으로 했듯이 어떤 사람이나 어떤 존재나 모두가 다 불성(佛性)이라 하는 부처님을 바탕으로 했습니다.

대승(大乘)과 소승(小乘)의 차이가 어디 있는가 하면 '아! 모두가 텅텅 비어 있다'며 허무를 바탕으로 하는 것이 소승인 것입니다. 법계연기(法界緣起)라, 같은 인연법(因緣法)도 진여불성(眞如佛性)이라, '일체만유가 진여불성에서 이루어졌다' 이렇게 되어야 참다운 대승입니다. '인연 따라서 이것저것 합해서 내가 생겼다, 인연이 합해서 이것저것 이루어졌다' 이런 것은 소승적인 연기법인 것입니다.

참다운 대승연기는 그렇지 않고서 '법계연기, 진여연기(眞如緣起)'라, 진여법성(眞如法性)이 만유(萬有)가 되었습니다. 사람도 진여법성이 되고, 달도 해도 하나의 곤충도 어떤 것이나 모두가 다 진여법성이 됐습니다. 어떠한 것도 에너지로 안 된 것이 없습니다. 어떠한 것도 궁극적인 것은 다 에너지입니다. 그와 똑같이 어떠한 것도 궁극적인 본 성품은 진여법성입니다.

앞서 말씀과 같이 우리 중생은 진여법성을 못 보는 것이고, 성자는 맑은 눈으로 진여법성을 훤히 보는 것입니다. 그 원수 같은 탐욕심(貪欲心), 그 원수 같은 진심(瞋心), 그 원수 같은 무명심(無明心)만 걷어버리면 우리도 훤히 트여 진여법성과 하나가 되는 것입니다.

그렇게 돼야 우리 인간이 비로소 참다운 고향에 돌아가서 영생의 행복을 누리는 것입니다. 따라서 불교는 한마디로 말하면 '일언이폐지(一言以蔽之)하면 여실지자심(如實知自心)'이라, 우리 마음을 참답게 안단 말입니다. 우리 중생은 '내가 나를 안다. 내가 나쁘다, 내가 좋다, 나는 제법 양심이 있는데' 이러지만 우리 중생은 자기를 모르는 것입니다. 어째서 모르는 것인가. 우리 중생은 우리 근본 성품을 모릅니다. 알더라도 자기의 겉만 알지 본 성품을 모릅니다. 남의 성품도 모르고 내 성품도 모르는 것이 우리 중생입니다.

성자의 맑은 눈만이 아는 것입니다. 아무리 과학이 발달한다 하더라도, 어떠한 고도한 현미경을 쓰더라도 우리 인간의 본 성품, 우주의 본 성품, 불성은 모르는 것입니다.

다만 질료가 있는, 상대성(相對性)의 한계가 있는, 공간성(空間性)이 있는, 그것만 과학은 압니다. 범부(凡夫)라는 것은 인과율(因果律)에 제한되고 또는 시간, 공간에 제약돼 있는 그런 질료(質料)만 아는 것이지 질료가 아닌 참다운 세계, 참다운 생명은 모릅니다.

그 세계는 삼매(三昧)를 통해서 우리 마음이 하나로 딱 모아져서, 모아진 힘으로 번뇌가 녹아져서, 탐욕심이 녹아지고 진심(瞋心)이 녹아지고 치심(癡心)이 녹아져서, 청정무구(淸淨無垢)한 맑은 정신으로만 영원적인 참다운 자기 성품을 아는 것입니다. 따라서 우리 인간의 할 일은 여실지자심(如實知自心)이라, 우리 마음의 실상(實相)을 여실히 아는 것입니다.

천지우주가 참다운 불성에서 왔거니, 불성을 모르고서 인간의 행동은 있을 수가 없습니다. 아무리 악을 쓰고 제아무리 발버둥 쳐도 역시 진리를 모르고서는 전쟁과 갈등, 분열은 그칠 수가 없습니다. 마땅히 진리를 알고서 진리에 따라야만, 우주의 도리에 따라야만 참다운 자유, 참다운 행복, 참다운 평등이 있습니다.

지금 새로운 사고, 새로운 사고 합니다만 참다운 새로운 사고가 되려면 앞서 우리가 말한 중도실상(中道實相), 참다운 부처님 도리를 가지고 있어야만 참다운 새로운 사고가 됩니다.

'마음은 허공과 같을 새', 우리 마음은 허공과 같이 텅 비어 있습니다. 우리 중생 마음은 지금 번뇌에 갇혀 있습니다. 우리 중생 마음은 지금 감옥 생활입니다. 우리 중생은 탐심(貪心), 진심(瞋心), 치심(癡心), 삼독심(三毒心)의 노예입니다.

따라서 우리는 이 법문을 외울 때 즉시에 마음을 해방시켜야 합니다. '비록 내 마음은 지금 욕심에 갇혀 있고, 또는 진심에 갇혀 있다 하더라도 내 본래 마음은 청정하고 광대무변하다'. 우리 마음은 분명히 허공 같습니다. 광대무변합니다. 내 마음, 네 마음 모두가 허공같이 다 비어 있는 것입니다.

사람으로 태어나서 자기의 소중한 마음을 모르고 죽는 것 같이 원통한 것이 없습니다. 몇 억대, 몇십 억대, 몇백 억대의 재산을 쌓았다 하더라도 내 마음을 내가 모르고 죽는다고 생각할 때 그와 같이 한스러운 일은 없습니다. 인간의 실상(實相), 인간의 실존(實存)을 알려면 우리 마음을 떠나서는 알 수가 없는 것입니다.

내 마음은 잘나나 못나나 '마음의 본체는 허공과 같을 새' 조금도 흐림도 때도 없는, 넓고 크고 또는 갓도 없는 그런 허공 같은 마음 세계를 부처님 이름으로 하면 이것은 청정법신(淸淨法身) 비로자나불(毘盧遮那佛)입니다. 그런 청정법신 비로자나불 같은 마음 세계에 해나 달보다 훨씬 밝은, 훤히 밝은 여러 가지 공덕(功德)이 꽉 차 있습니다. 자비도 행복도 지혜도 꽉 차 있습니다.

우리 마음 세계는 다만 비어 있는 것이 아니라, 천지(天地) 같이 비어 있는 그 세계에 행복도 지혜도 자비도 끝도 갓도 없이 꽉 차 있습니다. 그러기에 부처님이나 각 도인들은 자비나 지혜가 한도 끝도 없는 것입니다. 우리 능력은 사실은 무한대입니다. 우리는 자기 능력을 절대로 제한하면 안 됩니다. 무제한적인 가능성이 우리 마음에 꽉 차 있습니다. 이것이 부처님 말로 하면 원만보신(圓滿報身) 노사나불(盧舍那佛)인 것입니다.

이와 같이 광대무변한 자리에 일체공덕(一切功德)과 지혜가 꽉 차 있고, 일체존재는 나나 너나 또는 곤충이나 원자나 별이나 모두가 다 그런 자리에서 인연 따라 이루어져 있습니다. 인연 따라서 이루어진 하나의 거품과 같습니다.

바다에 비유하면 광대무변(廣大無邊)한 바다 크기 그 자체는 법신(法身)이고, 바다에 꽉 차 있는 물 이것은 보신(報身)이고, 그런 바다에서 일어나는 거품이나 물결, 파도나 산이나 내[川]나 사람이나 모두 화신(化身)입니다. 달에 비유하면 달 전체는 법신(法身)인 것이고, 달 광명은 보신(報身)인 것이고, 달그림자는 화신(化身)인 것입니다.

하나의 달이 휘황찬란하게 밝아서 중천에 떠 있다고 생각할 때에 시냇물이 백이요 천이요, 두만강 또는 한강 그야말로 금강, 영산강 이런 내[川]가 많이 있습니다. 그런 내[川]가 많이 있지만, 달이 하나가 떠 있으면 내마다 달그림자는 똑같이 비칩니다.

이와 같이 인연 따라서 하나의 중생이 이루어지면 그 중생들은 모두가 똑같이 부처님의 광명으로 나누어 있습니다. 우리 중생들은 모두가 부처님의 광명의 화신(化身)인 것입니다. 사실은 우리 중생 스스로가 석가모니 부처님처럼 훤히 빛나는 것입니다.

어떤 중생이나 바로 본다고 생각할 때는 중생 뒤에는 훤히 원광(圓光)이 빛나 있는 것입니다. 다만 중생은 못 봅니다. 석가모니 부처님만 빛나는 것이 아니라, 어떤 중생이나 모두가 다 광명으로 빛나 있고, 사실은 중생 스스로가 바로 광명의 화신입니다.

우리 젊은이들은 다 잘 아실 것입니다. 가사, 산소와 수소가 합해져서 물이 된다 하더라도 산소, 수소 스스로의 성분은 변동이 안 됩니다. 또는 전자나 양성자나 중성자가 적당히 결합하여 산소나 수소가 된다 하더라도 전자나 중성자나 양성자 그런 것이 변질되지 않는 것입니다. 또는 에너지가 전자나 양성자나 중성자로 되었다 하더라도 에너지 스스로는 변동이 없습니다. 어떻게 되든지간에, 어떠한 현상을 나투든지간에 에너지 스스로는 변동이 없습니다.

그와 똑같이 불성(佛性)이라 하는 우주의 참다운 생명이 불성 스스로의 인연 따라서 사람이 되고 또는 하늘의 별이 되고 한다 하더라도 불성은 조금도 변동이 없습니다. 잘나고 못났다 하더라도 불성은 조금도 변동이 없으니까, 불성을 볼 수 있는 부처님이나 성자가 본다고 생각할 때에는 못난 사람이나 잘난 사람이나 모두가 다 훤히 불성으로 보입니다.

이와 같이 일체존재는 모두가 다 광명으로 빛나는 보신의 바다에서 내가 사고(思考)하는, 좋다 궂다 하는 생각이라든가 또는 눈으로 보이는 해나 달이나 내나 산이나, 또는 사람이나 곤충이나 모두가 본래에서 본다고 생각할 때는 다 부처님 바다에서 일어나는 하나의 물거품과 같습니다. 광명의 파도나 같은 것입니다.

이런 것을 다 합해서 본다고 생각할 때 이것이 바로 아미타불(阿彌陀佛)입니다. 사실은 나도 역시 너도 역시 모두가 다 아미타불입니다. 절에서 아침에 장엄염불(莊嚴念佛)을 모십니다만, 장엄염불 가운데서 아미타불을 찬탄하는 법문이 있습니다.

'도마죽위(稻麻竹葦) 무한극수(無限極數)라', 도마죽위라는 것은 삼밭에 삼대가 얼마나 많습니까. 또는 대밭에 대가 얼마나 많습니까. 대밭에 대가 많고, 또는 삼밭에 삼대가 많듯이 말입니다. 도마죽위 무한극수, 한도 끝도 없이 많은 수란 말입니다. 삼백육십만억(三百六十萬億) 일십일만(一十一萬) 구천오백(九千五百) 동명동호(同名同號) 아미타불(阿彌陀佛)이란 말입니다. 동명동호라, 같은 이름, 같은 명호(名號) 아미타불이란 말입니다.

지금 부처 눈으로 본다고 생각할 때는 여기 계시는 몇백 명 불자님들이 모두가 다 아미타불입니다. 다만 중생은 못 보고 성자는 본단 말입니다. 에너지가 무엇이 되든지간에 산소가 되나, 사람 몸을 구성하나 에너지란 차원에서는 조금도 변동이 없습니다. 제로를 천만 번 곱한다 하더라도 제로는 제로입니다. 에너지가 뭣이 되나, 에너지가 어떻게 운동을 하나, 어떻게 진동하나, 빨리 진동하나 또는 느리게 진동하나, 에너지는 조금도 변동이 없습니다.

그와 똑같이 불성(佛性)이라 하는 참다운 우주의 성품이 사람이 되나 개가 되나 소가 되나 독사가 되나 조금도 불성의 차원에서는 차이가 없습니다. 따라서 부처님의 청정불안(清淨佛眼)으로 본다고 생각할 때는 모두가 다 부처입니다.

부처의 눈으로 우주를 보는 것이

「보리방편문」의 지혜

이렇게 부처님 눈으로 우주를 보는 견해가 바로 「보리방편문」의 지혜입니다. '부처님 눈으로 사람을 어떻게 볼 것인가. 우주를 어떻게 볼 것인가' 부처님 눈으로 본 우주관, 인생관이 바로 여기 있는 「보리방편문」의 지혜입니다.

이와 같이 우리가 보는 생(生)하고 멸(滅)하는, 죽었다 살았다 하는 현상적인 모든 것이 다 불심(佛心), 마음입니다. 부처란 말이나 마음이란 말이나 똑같습니다. 우리가 남을 미워하고 좋아도 하는, 그렇게 쓰는 내 마음이 좁은 것이지, 이 마음의 근본은 부처와 더불어서 같습니다. 물질도 역시 근본은 다 마음입니다. 물질이 따로 없습니다.

'물질이 따로 있다. 금(金)이 따로 있다. 또는 다이아몬드가 따로 있다. 뭣이 따로 있다'고 구분을 하는 것이니까 다이아몬드는 좋고 철은 나쁘고 하겠지요. 그러나 근본은 똑같습니다. 다이아몬드나 철이나 무쇠나 근본은 다 똑같습니다. 다만 그것이 진동 정도, 운동 정도에 차이가 있을 뿐입니다. 우리 중생들은 근본을 못 보는 것이니까, 우선 상(相)만 봐서 다이아몬드는 좋고 철은 나쁘겠지요. 근본을 보는 것이 성인이고 겉만 보는 것이 중생입니다. 근본을 볼 수 있는 안목, 부처님께서 보는 청정한 인생관, 이것이 「보리방편문」입니다.

'마음이 바로 부처'라, 마음의 본바닥은 법신(法身)인 것이고, 본바닥에 들어 있는 일체공덕(一切功德)은 보신(報身)인 것이고, 그 자리에서 스스로 일어나는 일체의 현상은 화신(化身)입니다.

우리가 인연을 본다고 생각할 때에 인연이 밖에 있다 이렇게 생각하는 것은 인연법의 얄팍한 풀이입니다. 인연법은 모두가 다 부처님과 불성 가운데 있습니다. 어떠한 것이나, 인(因)이나 연(緣)이나 모두가 다 불성입니다. 따라서 불성 가운데 있는 생명이기 때문에 어떤 것도 모두가 다 관계가 있습니다. 관계가 있는 것이 아니라 사실은 우주가 바로 하나의 생명인 것입니다.

나와 옆 사람도, 미운 사람과 고운 사람도, 모두가 다 하나의 생명의 줄로 이어져 있습니다. 원수와 나와도, 가령 누가 자기 아버지를 죽였다 하더라도 그 사람과 나와의 사이도 역시 같이 연결되어 있습니다. 단순히 관계가 있는 것이 아니라 나와 남이 바로 딱 붙어 있습니다.

이렇게 생각할 때에 결국 우주라는 것은 하나의 생명입니다. 우주를 하나의 체계로 묶어서 하나의 생명으로 보는 것이 부처님 진리입니다. 우리 마음의 본 체성(體性), 가장 절대적인 체성은 법신(法身)인 것이고, 그 속에 들어 있는 자비나 지혜나 일체공덕(一切功德)은 보신(報身)이고, 또 거기서 일어나는 일체현상은 화신(化身)입니다.

'나'라는 것은 화신 가운데 하나 아닙니까. 이와 같이 하루에도 몇 번이고 불교 인생관, 불교 우주관을 되뇐다면 이렇게 생각하고 느끼고 관찰하는 것이 '내가 부처'임을 느끼면서 하는 바른 염불인 것입니다. 부처를 밖에 있다고 생각하지 않고, 우주의 실상(實相) 또는 나의 실상을 관찰하면서, 음미하면서 하는 염불이 바른 염불인 것입니다.

이렇게 나의 본질, 우주의 본질을 떠나지 않는 공부가 바른 참선 공부입니다. 참선 공부와 일반 공부의 차이는 무엇인가 하면, 일반 공부는 현상(現象)에서 애써서 올라가는 점수(漸修)로 닦아 나가는 것이고, 참선 공부는 본바닥을 느끼고서, 본 성품을 느끼고서 그 본 성품 자리를 안 떠나는 공부입니다. 좀 어려운 말로 하면 본 체성(體性)을 딱 느끼고서, 본 체성을 안 떠나려고 애쓰는 공부가 참선 공부입니다. '이 뭣고?' 화두(話頭)라든가 '뜰 앞의 잣나무'라든가 그런 화두는 모두가 다 근본 자리를 안 떠나기 위해서 나왔습니다.

조주(趙州) 스님한테 가서 어떤 스님이 '여하시불(如何是佛)잇고?' '부처가 무엇입니까?' 하니, '뜰 앞의 잣나무니라' 했습니다. 애쓰고 부처를 찾고자 해서 '부처가 무엇입니까?' 하고 물으니까, '뜰 앞의 잣나무'라 했습니다.

조주 스님한테 부처를 묻는 그 사람은 부처는 신비스럽게 저 밖에 있다고 생각을 했겠지요. 하느님처럼 저 하늘에 있다고 생각했겠지요. 부처를 밖에서 구하는 그런 마음을 갖고 물었겠지요.

그러나 깨달은 도인인 조주 스님은 '뜰 앞의 잣나무니라'라고 말합니다. 부처가 따로 있는 것이 아니라 '뜰 앞의 잣나무'나 여기 있는 '컵'이나 모두가 바로 보면 결국은 부처 아님이 없단 말입니다. 어떠한 것이나 모두가 다 부처 아님이 없다는 부처의 자리, 부처의 안목을 내 안목으로 한다고 생각할 때에는 다 부처입니다.

우리는 번뇌(煩惱)를 보니까 그렇게 바르게 안 보입니다. 모든 것을 다 부처로 수용하고 부처가 보는 안목을 내 안목으로 하는 공부가 참선공 부입니다. '옴마니반메훔'을 하든, 염주를 헤아리든 그런 모양은 상관이 없습니다. '우리 마음이 나나 너나 천지우주가 다 본래로 부처구나. 천 지우주가 부처 아님이 없구나' 이렇게 생각하면 결국 참선입니다.

따라서 나무아미타불, 관세음보살, 지장보살을 외운다 하더라도 역시 그 지장보살이나 아미타불을 밖에서 구하는, 복을 받기 위해서 구하는, 부처와 나와 한계를 가려서 구하는 그것은 방편염불입니다. 참다운 염 불이 못 되는 것입니다. 복을 받아도 제한된 복밖에는 못 받습니다.

부처와 나와 둘이 아니다, 부처란 것이 만공덕(萬功德)을 갖추고 있는 것인데, 죽어도 죽지 않고 영생으로 행복하고 영원한 자유를 다 갖추고 있는 것인데, '영원한 생명, 모든 지혜를 갖추고 있는 부처와 내가 둘이 아니다'고 생각하는 것처럼 위대한 마음은 없습니다.

우리 마음 가운데 가장 좋은 마음은 부처와 나와 둘이 아니고 내가 바 로 부처라는 그 마음입니다. 이렇게 되면 남과 나의 구분도 할 수가 없 습니다. 우리 마음을 부처한테 머물게 하고 먼지 하나도 부처 아닌 것 이 없다, '일진불사(一塵不捨)'라 한 먼지도 버릴 수가 없이 다 부처로구 나, 이렇게 느낄 때 방편을 떠난 진실한 공부라고 할 수 있습니다. 이와 같이 모두를 다 불성이라 보고, 마음이라고 보는 것이 부처님께서 우리 한테 정말로 하고 싶은 말씀입니다. 그 외에는 모두가 다 방편설인 것 입니다.

보통 '부처님한테 애쓰고 구한다' '부처님한테 우리가 가피(加被)를 바란다' 또는 '기도를 모신다' 이렇게 하면 마음도 개운하고 의지가 되는 것인데, '천지가 부처구나' 이러면 어쩐지 '우주천지가 허망하구나' 이렇게 느끼는 분도 계십니다만 그렇지가 않은 것입니다. 어디 따로 계셔서 우리를 감시도 하고, 우리한테 복도 주고, 벌도 주는 그런 부처님은 그야말로 하나의 미개(未開)한 종교의 대상밖에는 안 되는 것입니다.

참다운 부처님은 바로 우주가 부처님인데, 우주가 하나의 생명인데, 그런 생명은 우리가 생각하는 이상으로 무한히 무한의 부사의(不思議)한 공덕(功德)이 있습니다.

그런 부처님의 자비나 지혜나 행복은 도인들이 몇만 년 두고도 다 헤아릴 수가 없습니다. 행복스럽고 만족스럽고 덕이 있고 복이 있는 그런 부처님 복을 무수한 도인들이 모여서 몇만 년 몇만 년 헤아려도 다 헤아릴 수가 없단 말입니다.

그런 행복이 바로 내 마음속에 있습니다. 딴 데 있는 것이 아니라 내 마음속에 그런 무한한 행복이 있습니다. 따라서 '어디 별도로 계시는 부처한테 기도해서 행복을 받는다', '우리한테 복이 온다', '우리가 병을 낫는다' 이 정도는 그야말로 새 발의 피만도 못한 것이고, 참다운 나, 참다운 부처님의 부사의(不思議)한 공덕을 생각하면서 복을 빈다고 생각할 때 정말로 복도 부사의한 것입니다.

'나와 부처님이 둘이 아니고 내 본심(本心)에 무한공덕이 갖추어져 있다'고 꼭 믿고 염불(念佛)할 때는, 정말로 확신(確信)할 때는 우리 마음이 비약적으로 정화(淨化)가 되는 것입니다.

가령 생전에 그렁저렁 살았다 하더라도, 염불도 하고 보시(布施)도 하고 베풀기도 하고 살았다 하더라도, 우리 마음을 깨닫지 못하면 불성

(佛性)을 못 보겠지요. 아무리 시주를 많이 했다 하더라도 역시 그것으로 해서 불성을 볼 수가 없습니다. 어느 정도 공(功)은 되도 말입니다. 그러나 우리가 죽을 때는 우리가 지은 공(功)을 총결산합니다. 남한테 많이 베풀고 복을 많이 지은 사람들은 과보가 훨씬 더 좋은 환경이 되는 것입니다.

그래서 죽는 순간에 정말로 '내 본심(本心)이 바로 부처구나', '석가모니와 아미타 부처님과 내가 둘이 아니구나' 또는 '우리 마음이 정화되면 내가 한 발도 안 떠나서 이 자리가 바로 극락세계구나' 이렇게 생각할 때 순간에 우리는 성불(成佛)이 되는 것입니다.

천도식도 안 하고 후손들이 몇 년 동안 죽은 사람을 위해서 후복을 안 빌어준다 하더라도 죽는 순간에 정말로 '내 본마음이 부처다. 내 본마음 가운데는 무한공덕이 갖추어져 있다' 이것을 분명히 확실히 믿을 때는 그 순간에 우리 마음이 비약이 되고 정화가 되어서 바로 성불할 수가 있습니다.

그때뿐만 아니라 석가모니께서 보리수하에서 성불하시고 맨 처음에 다섯 비구한테 법문을 했는데, 석가모니 법문이 하도 유창하고 진실하고 위엄에 차 있었기 때문에 다섯 도반(道伴)들이 부처님께서 말씀하신 한마디 말씀, 사제(四諦) 법문을 듣고서 모두가 바로 도인이 되었습니다. 정말로 믿으면 그런 것입니다.

그러나 우리 중생들은 그 나쁜 버릇 때문에, 번뇌 때문에 바로 못 믿습니다. '정말 그럴 것인가?' 하고 바로 못 믿으면 바로 못 믿는 그 마음 때문에 중생 마음은 바로 부처가 못 되는 것입니다. 따라서 우리가 지금 믿는 정도는 그때그때 자기 업장(業障) 따라서 차이가 있습니다. 마땅히 환희심(歡喜心)을 내고서 믿을 때는 우리 마음이 비약적으로 정화가 되는 것입니다.

우리 중생들이 비록 느끼고 있지 못한다 하더라도 우리 본래 마음은 바로 불성인 것이고, 불성 자리를 바로 도파(道破)하신 법문이 이와 같이 「보리방편문」 법문입니다.

간단히 말하면 '마음이 바로 부처[심즉시불(心卽是佛)]'인 것을 말씀한 것이고, 또 조금 더 구체화시켜서 분석하면 마음의 본체(本體)는 법신(法身)이고, 법신 자리에 들어 있는 일체공덕(一切功德)은 보신(報身)인 것이고, 거기에서 일어나는 일체존재(一切存在)는 화신(化身)인 것입니다.

이것을 다 합한 것이 아미타불(阿彌陀佛)이기 때문에 '나도 아미타불 너도 아미타불, 모두가 다 바로 아미타불'인 것이고, 이와 같이 우주가 바로 부처임을 느끼면서 하는 염불이 참다운 염불입니다. 지장보살도 관세음보살도 모두가 이 가운데 다 들어 있습니다.

본래면목(本來面目)을 안 떠나는 염불은 바로 참선과 염불이 둘이 아닌 참선 염불이 하나가 되는 진실한 공부인 동시에 바로 이것이 성불의 첩경인 것입니다. 바로 알고 들어가는 길입니다. 과학과의 차이, 종교 간의 우열(愚劣) 차이, 그런 것 저런 것이 모두가 다 이런 방편문적인 것의 차이입니다.

'삼신(三身)', 가장 구경적인 그런 법신(法身), 거기에 들어 있는 일체만유의 공덕인 보신(報身), 거기서 우러나오는 일체 현상들인 화신(化身), 이런 진리로 비추어본다고 생각할 때 이런 것이 미처 못 들어 있으면 종교의 정도가 아직은 미숙한 것입니다. 기독교의 성부(聖父)나 성신

(聖神)이나 하느님의 아들인 성자(聖子)나 삼위일체(三位一體) 법문도 이와 비슷합니다. 그러나 아직은 구경적인 법문은 못 되어 있습니다. 세계 종교 가운데서 가장 위대한 것이 불교인데, 불교 가운데서도 이런 체계가 가장 고도한 체계입니다.

마땅히 이런 체계를 마음에 두고서 공부를 하시면, 하루에 될수록 많이 읽으시면, 처음에는 모르신다고 하더라도 여태까지 제가 장황히 횡설수설한 말을 참고로 하시면서 이것을 되풀이해서 읽으시면, '과연 우리 마음은 부처구나. 또는 마음의 근본은 법신이구나. 또는 보신이구나. 화신이구나' 이것을 조금씩 납득하실 것입니다.

천 번 만 번 몇십 만 번 외우시면 꼭 정말로 우리 마음이, 성불은 미처 못 한다 하더라도 상사각(相似覺)이라, '정말로 내 마음이 바로 부처구나' 이렇게 느낄 때가 있으리라 믿습니다. 그렇게 하시다가 임종 때는 비약적으로 돈오(頓悟)해서 그냥 부처 자리를 깨달으실 수 있으리라 믿습니다.

아들한테나, 손주한테나, 누구한테나 내 마음 자리를 내가 아는, 우리 마음을 가장 철저히 아는, 가장 간단한 동시에 가장 깊이 아는 이 법문을 큰 선물로 해주시기 바랍니다.

제가 보다 쉽게 말씀을 드리고자 했던 것인데 또 역시 어렵게 되고 말았습니다만, 역시 어려운 것은 어려울 수밖에 없습니다.

마땅히 스스로 새겨 깊은 공부를 하셔서 무상(無上)의 행복, 행복은 제가 서두에서 언급한 바와 같이 진리를 떠나서는 참다운 행복은 없습니다. 실업인(實業人)이나 정치인이나 어떤 누구든지간에 진리를 외면해서는 참다운 정치, 참다운 실업, 참다운 평등, 참다운 자유도 없습니다.

어느 분야에 있든지 진리(眞理)를 항시 염두에 두고서 본체(本體)를 안 여의는, 본 성품을 안 여의는 그런 행동을 해주시기를 간절히 바라면서 이 말씀을 마칩니다.

나무아미타불! 나무아미타불! 나무본사아미타불!

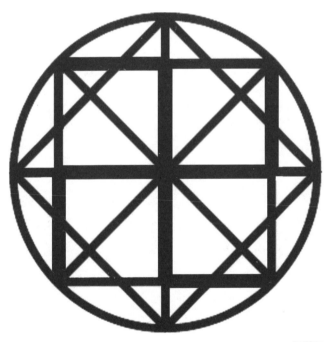

금륜도

제2부
청화 스님의 참선 법문

참선(參禪)은 무엇이며
어떻게 해야 올바른 참선인가?

1985년 7월 31일 곡성 태안사 하계용맹정진 입제 법문

1) 참선 법문

이 법문은 참선(參禪)의 대종장(大宗匠)이신 청화 큰스님이 40년간의 일일일식(一日一食) 장좌불와(長坐不臥)의 처절한 토굴수행을 마치고 1985년 곡성 태안사(泰安寺)에서 한국근세 처음으로 삼년결사(三年結社)를 결행하시기 위해서 6.25 이후 폐허가 된 도량(道場)을 정화하고 그 기운을 회복하기 위하여 사부대중들과 함께 4박 5일의 하계용맹정진(夏季勇猛精進)을 감행하시면서 참선(參禪)에 대한 주옥(珠玉)같은 법문(法門)을 하루 한 시간씩 5번 설법하신 것으로 참선의 실참실수(實參實修)의 모든 것이 압축되어 들어 있습니다. 청화 큰스님의 '참선은 무엇이며 어떻게 해야 올바른 참선인가?' 이 법문을 여러분의 귀중한 수행의 지표로 삼으시길 간절히 기원합니다. 청화 큰스님의 육성 법어를 같이 들으시면서 한 구절 한 구절 반복해서 정독하시면 큰스님을 직접 선지식(善知識)으로 앞에 모시고 수행하는 효과가 있습니다. 좋은 느낌이 오실 때는 그대로 좌선(坐禪)하시면 좋습니다. 큰스님의 뜻을 왜곡할까 두려워 문어체로 윤문하지 않고 구어체 그대로 옮겼습니다.

마음에서 찾아야 할 진정한 자유

오늘 같은 삼복더위에는 더위로부터의 해방, 더위로부터의 해탈을 생각하지 않을 수가 없습니다. 어떻게 하면 이런 폭서를 이겨낼 것인가? 더위로부터의 해방을 갈망합니다. 또 추울 때는 추위에서의 해방, 또는 정치나 제도면의 제약에서는 그런 제약에서의 해방, 이러한 것을 갈구하는 마음이 누구나 있을 것입니다.

이런 것을 통틀어서 볼 때 우리 인간이 희구하는 마음 가운데에서 가장 소중한 것은 바로 자유일 것입니다. 인류 역사 이래 자유처럼 매력 있는 말도 없고, 자유를 위해서 무수한 사람들이 노력도 하고, 희생도 당해 왔습니다. 허나 자유를 구하고 추구하는 자세가 진리에 별로 맞지가 않았단 말입니다. 우리는 이러한 데서 참다운 자유를 구하지 못하고, 인류사회의 해악이나 모순은 더욱더 가중되는 것을 볼 수 있었습니다.

지금 우리 사회를 본다 하더라도 자유를 몹시 애타게 구합니다. 헌데 구하는 것은 그렇게 열렬하지만 어째서 자유스럽게 못되는 것인가? 이것은 자유를 구하는 방향이 잘못되어서 그렇습니다. 우리가 구하는 자유는 한도 끝도 없는 것인데, 우리가 얻을 수 있는 자유는 상대유한적(相對有限的)인 사회에서 한정(限定)되어 있단 말입니다. 헌데 사람들은 한정이 있는 그 가운데서 구하려고만 합니다. 그러니까 안 됩니다.

한정이 없는 우리 마음에서 구하려고 하면 그때는 구할 수가 있는 것인데 마음에서 구하는 것은 저만치 밀어두고서 풍요한 물질, 생활의 편리, 우리 몸뚱이의 안전, 그런 방향에서 구하려고 하니까 자유가 잘 구해지지 않습니다.

다시 바꿔서 말씀드리면 성자(聖者)의 가르침, 즉 성인(聖人)들은 우리 주변에서 자유를 구하지 않고 마음에서 구하는 쪽으로 자유를 추구하고, 본인들이 자유를 완전히 터득도 하고, 우리한테 교시(敎示)를 하신 것입니다.

허나 사람들은 그렇지 않고서 그냥 겉으로 구한단 말입니다. 겉으로 구하는 한 자기 마음의 평화도 얻을 수 없고, 따라서 가정의 화합이나 우리 사회의 복지나 그런 것도 바랄 수가 없습니다.

오늘 같이 더운 날은 앞선 말씀처럼 더위로부터 해방을 바란단 말입니다. 더워서 숨이 컥컥 막힐 정도로 삼복더위는 우리를 괴롭힙니다만, 그보다 또 역시 가장 뜨거운 것은 무엇인가?

이것은 인간 마음의 열뇌(熱惱)입니다. 인간 마음의 번뇌(煩惱)입니다. 우리가 더러는 심장병도 생기고 몹쓸 병이 생깁니다만, 보통 그런 병은 우리 가슴이 타서 그럽니다. 욕구불만이 되어서 그럽니다. 청량삼매(淸涼三昧)라! 우리 가슴이 시원하고, 어떤 경우에 처한다고 하더라도 항시 쾌적한 마음이 되면 그때는 그런 몹쓸 병은 생기지가 않습니다.

부처님 당시에 아사세왕(阿闍世王)이 있었습니다. 빈바사라왕(頻婆娑羅王)의 왕자로 태어나서 자기 아버지를 유폐(幽閉:아주 깊이 가두어 둠)하고 왕자는 아버지를 시혐(猜嫌:시기하고 싫어함)도 했습니다. 자기 어머니마저도 유폐한 사람 아닙니까. 이와 같이 극악무도하기 때문에 과보로 인해 몸에 인두창(咽頭瘡)이라는 아주 난치의 종기가 생겼단 말입니다.

물론 자기 아버지 왕위를 찬탈해서 왕이 되었으니까, 그리고 그 당시에 마가타국(摩伽陀國)은 인도에서 가장 큰 나라였기 때문에 약도 맘대로 구할 수가 있고 명의도 많이 구할 수가 있었겠지요. 허나 무슨 약을 쓰나 아무리 훌륭한 명의한테 물어보나 병을 고치려고 해도 고칠 수가 없었단 말입니다.

그러니까, 기바(耆婆) 존자가 나섭니다. 존자는 부처님의 시의(侍醫)입니다. 또 아사세왕과는 이복형제 간입니다. 동시에 그 당시엔 대신이란 말입니다. 그러니까 아사세왕이 기바와 상의를 했단 말입니다. 그대는 명의이고 위대한 인물인데, 과연 난치의 병을 어떻게 낫게 할 것인가? 이렇게 물었단 말입니다. 기바는 신심도 있고 왕을 숭상한지라, "대왕이시여! 대왕의 병은 마음병입니다. 대왕의 병은 업장(業障)의 과보입니다. 업장의 과보로 해서 난 병은 먼저 참회(懺悔)를 해야 합니다"라고 했습니다.

우리는 공부할 때에 참회공덕을 소홀히 합니다만 참회공덕은 굉장히 중요하고 큰 것입니다. 참회를 하면 그때에는 업장이 무겁다 하더라도, 과거 숙세에 선근(善根)이 부족해서 묵은 업장을 지었다 하더라도 전중경수(轉重輕受)라 무거운 것을 돌이켜 가볍게 간단 말입니다. 또한 동시에 참회가 사무치면 그때는 업장도 소멸시킨단 말입니다.

이와 같이 참회공덕(懺悔功德)이 있습니다. 기도를 모시나 참선을 하나 먼저 참회를 해야 합니다. 저 같은 사람은 맨 처음에 백양사 운문암으로 입산을 한 것인데, 운문암 선원에서는 여름이나 겨울이나 3개월 동안 공부할 때는 먼저 일주일 동안 참회를 시킵니다. 일주일 동안 팔뚝에다 불을 놓고서 연비를 해 참회를 시킵니다. 그래서 지금도 흉터가 이런 데 있습니다. 일주일 동안 불을 놓고 참회를 시키니까 정말로 자기 살이 타들어 가는데, 처음에는 뜨겁지만 참회의 눈물이 나올 때는 그때는 뜨겁지가 않습니다.

선의 법문에도 심두(心頭)를 멸각(滅却)하면 불도 오히려 서늘하다 이런 말씀이 있습니다. 마음만 깨달으면 불도 오히려 서늘하다는 것입니다. 불성(佛性)에는 뜨거움도 없고 찬 것도 없습니다. 다만 중생의 제한된 업장 따라서 찬 것을 느끼고 뜨거움을 느낍니다.

따라서 심두멸각 즉 우리 마음으로 초월할 수 있는 기운이 있다고 하면 그때는 불도 오히려 뜨겁지가 않단 말입니다. 기합을 하는 사람들이 기합을 넣고서 칼로 툭 찔러도 피가 안 나오는 것을 보십시오.

기바가 '대왕의 병은 참회를 해야 합니다' 하니까 아사세왕도 역시 제바달다(提婆達多) 꼬임에 넘어가서 자기가 나쁜 짓도 많이 하고, 아버지를 시해하고 어머니를 유폐시켰으니까, 또 세존(世尊)을 배반해서 제바를 따랐으니까 그 죄가 얼마나 막중합니까. 자기도 사람인지라 그때는 느끼겠지요. 자기 몸이 병고 때문에 시달리니까 느낀단 말입니다. 그래서 정말로 참, 진정으로 참회를 했습니다.

"세존이시여! 도저히 저의 무거운 죄를 면(免)할 수 없습니다만, 면할 수 없다 하더라도, 저는 참회를 안 할 수 없습니다" 하고서 참회를 했단 말입니다.

부처님께서는 시방삼세(十方三世)를 두루 보십니다. 석가모니 부처님께서는 우주에 충만해 있는, 우주 생명 자체인 법신 부처님과 똑같습니다. 저 하늘 끝에서 누가 생각을 한다고 하면 그 순간 부처님은 감응을 받는 것입니다. 어디에 가 있으나 모두 부처님 손안에 있습니다.

우주는 바로 부처님이십니다. 우주의 참다운 생명을 그대로 깨달은 분이 석가모니 부처님이십니다. 부처님께서는 아사세왕이 참회하신 것을 알게 되었습니다. 애월삼매(愛月三昧)라, 자기 앞에 달을 훤히 관조(觀照)할 수 있는 삼매에 척 든다 말입니다. 일반 중생은 들 수가 없습니다만 부처님께서는 애월삼매에 딱 드십니다. 딱 드시고서 어느 누구한테 애월삼매의 광명을 보내야 하겠다 하시면 그 사람한테 애월삼매의 아주 청량한 광명을 보낸단 말입니다.

그래서 부처님께서는 애월삼매에 드셔서 아사세왕한테 애월삼매의 광명을 보냈단 말입니다. 아사세왕의 열뇌, 어쩌지 못하는 업장 때문에 든 종기 병인지라, 이윽고 얼마 안 가서 그 종기 병이 사르르 사라졌단 말입니다.

지금 렌트겐 광선이나 레이저 광선 가지고 사람 병도 낫는 걸 보세요. 신문을 보면 레이저 광선으로 공중에 뜬 위성도 결국은 추락시킬 수 있다는 그런 연구를 한다고 합니다. 일반 상대유한적인 물리적 광명도 그와 같이 위대한 힘을 내는 것입니다. 헌데 불성광명(佛性光明)은 그러한 물리적 광명보다 훨씬 더 위대하고 근원적인 광명입니다. 불성은 물리적 광명과 별도로 있는 것이 아닙니다.

유정무정(有情無情) 유상무상(有相無相) 일체존재(一切存在)의 근본적인 근본생명(根本生命) 이것이 부처님 광명입니다. 따라서 거기에 안주해 있는, 거기에 머물러 있는 부처님께서 광명을 보내신단 말입니다. 뜨거움도, 또는 추움도, 선도 악도 다 초월한, 영원히 상주하는 그 광명, 일체 행복과 일체 자비와 지혜를 다 갖춘 광명, 그런 광명을 보낸단 말입니다.

그러니까 순식간에 아사세왕의 몹쓸 병이 낫는단 말입니다. 그래서 아사세왕은 쾌유돼서 나중에는 그야말로 부처님 법을 지키는 호법의 왕이라, 법을 수호하는 왕자가 되었습니다.

아무튼 이와 같이 우리 인간은 해방을 구합니다. 뜨거움에서의 해방, 이런 해방을 구해 마지않습니다. 헌데 앞서 제가 말씀드린 것과 같이 비록 우리가 외형적으로, 물량도 좀 풍부하게 할 수가 있는 것이고, 맛있는 음식을 먹을 수 있는 것이고, 또는 이성도 어느 정도는 추구할 수 있는 것이고, 자기 지위도 역시 자기 노력 따라서 어느 정도는 추구할 수 있습니다만, 그런 걸로는 인간의 만족을 못 채웁니다. 우리 마음의 번뇌를 끊는 것 외에는 참다운 자유는 못 채웁니다.

학생들이 제아무리 데모를 하고 애쓴다 하더라도, 악을 쓰고 다 부숴버린다 하더라도, 한 정부를 전복한다 하더라도 역시 그것으로는 인간의 자유를 얻을 수가 없습니다. 인간의 마음에 도사리고 있는 번뇌, 탐욕심(貪欲心), 또는 성내는 진심(瞋心), 어리석은 치심(癡心), 이것을 떼어버리지 않는 한 자유를 얻지 못합니다. 자유라 하는 것이 인류역사 이후에 가장 소중한 말, 가장 매력 있는 말이지만, 그걸 추구하기 위해서는 아까 말씀처럼 우리 마음의 번뇌, 우리 마음의 무지(無智), 무명

(無明)을 떼는 방도 외에는 없는 것입니다.

방향을 바로 설정해 놓고 그다음 문제로 제도 면이나 무엇이나 생각을 하면 그르쳐지지가 않는 것인데, 가장 근원적인 줄기는 잊어버리고서 이파리나 가지만 가지고 애쓰니까 될 리가 만무합니다.

우리 마음의 번뇌, 우리 마음의 뜨거운 열뇌, 사람이 병드는 원인으로 만병의 원인을 말씀한 경도 있습니다만, 병의 원인 가운데서 앞서 제가 언급한 것처럼 욕구불만이라, 욕심이 사무쳐서 뜨거운 욕심 때문에 난 병도 많이 있습니다. 또 성이 사무쳐서, 저놈 미운 놈이니까 때려버렸 으면 쓰겠다, 그런데 못 때리고서, 성내는 마음이 사무치는데 그걸 참 는단 말입니다. 그런 것을 못 참아서 나는 병도 있습니다. 또 진리를 바 로 못 봐서 이렇게 저렇게 헤매는, 분별시비하는 무지(無智)의 병도 있 습니다.

『동의보감(東醫寶鑑)』이라고 하면 의술의 원전 같은 귀중한 책 아닙니 까. 이 책에는 이런 것이 있습니다. 이 책은 주로 인간의 병을 말한 책 아닙니까마는 '심란즉병생(心亂卽病生)' 즉 마음이 산란하면 그때는 병 이 생기고, '심정즉병자유(心定卽病自癒)' 즉 마음이 안정되면 병이 스 스로 차차 낫는단 말입니다. 물론 어느 정도 한계는 있다 하더라도 역 시 인간에서 발생되는 병들은 대체로 마음병에서 기인됩니다.

지금 여러분들 중에는 아직 마음의 실상(實相)을 파악하지 못한 분들이 많이 계셔서 불교에서 말하는 '일체유심조(一切唯心造)'라는 말을 잘 안 믿습니다. 모두가 다 마음뿐이다, 모두가 다 마음으로 이루어진다, 이 말을 잘 안 믿는단 말입니다. 허나 사실은 모두가 다 마음으로 이루어 졌습니다. 태초 개벽 이후부터 마음으로 이루어졌습니다. 개벽 이전도 역시, 개벽 이전에 우주가 생성되기 전에, 텅텅 무애한 그런 공간 속에서도 역시 마음의 본성은 그대로 상주(常住)해 있습니다.

생로병사(生老病死)가 있고 비록 우주의 변천이 있다 하더라도 마음이라는 성품, 우주의 본 순수 에너지, 그것은 멸(滅)하지 않습니다. 그것은 불생불멸(不生不滅)입니다.

천지(天地)가 몇 번 바뀌어 성주괴공(成住壞空)이라, 천체가 이루어지고, 우리 생물이 살고, 또다시 허물어지고, 다시 텅텅 비어지고, 이런 것을 몇 번이고 되풀이한다 하더라도 마음이라는 성품은 멸하지 않습니다. 마음 성품 이것이 부처입니다. 그러기에 심즉시불(心卽是佛)이라, 마음이 바로 부처라, 이렇게 말합니다.

허나 그 마음은 우리가 남을 미워하고, 사랑도 하고, 욕심도 내고, 성도 내고, 그런 마음은 아닙니다. 마음이 부처라는 그 마음과 남을 미워하는 마음 그 성질은 같습니다만 우리가 남을 미워하고 사랑하고 욕심을 내고 하는 그런 마음은 마음의 초점(焦點), 마음의 겉에 뜬 부동된 덧없는 마음입니다. 그런 마음의 근원된 마음, 근본자성(根本自性), 근본 청정심, 본래 청정심, 이 마음이 바로 부처입니다. 이 마음을 잘못 쓰기 때문에 우리 마음이 미워지고, 예뻐지고, 또는 시기한단 말입니다.

여기 계시는 분들은 다 불교를 신봉합니다. 따라서 아까 말씀처럼 우리 인간이 구하는 것 가운데서 가장 귀중한 보배, 우리는 맨 처음에 삼귀의례(三歸儀禮)라, 삼보에 귀의하였습니다. 비록 여러 가지 세간적인 보배가 많이 있지만 그런 보배 가운데서 역시 삼보가 제일 귀합니다.

부처는 무엇인가? 부처는 바로 우주의 진리입니다. 부처를 하나님이라고 해도 그때는 무방합니다. 다만 그 내용이 우주의 모든 것을 거기에 다 포함하고 있어야 합니다. 그것이 가장 귀중한 보배, 그것이 불보(佛寶)입니다. 그다음에는 우주의 모든 진리, 내 생명의 본바탕인 동시에 우주의 본바탕인 진리를 구하는 가르침, 이것이 법보(法寶)란 말입니다. 그다음에는 그런 우주의 진리를 구하는 가르침, 따라서 실천하는 사람, 이것이 중 승(僧), 승보(僧寶)입니다. 여러분들은 지금 승보입니다. 이것이 이 세상에서 가장 귀중한 보배이기 때문에 삼보(三寶)라 하는 것입니다. 우리는 지금 삼보의 하나인 승보입니다. 우리 마음의 뜨거운 열뇌, 번뇌를 못 끊어 놓으면 이런 더위는 더 뜨거운 것입니다. 그러나 번뇌를 끊어가는 사람은 비록 땀은 뻘뻘 흘린다 하더라도 역시 마음은 서늘한 것입니다. 이렇게 가다가 앞서 말씀처럼 애월삼매(愛月三昧)라, 그런 삼매에 척 들어가면 자기 몸도 마음도 개운하고, 일체중생에게도 서늘하게 진리의 광명을 보내주는 것입니다.

우리는 지금 승보입니다. 우주의 진리, 내 생명의 진리인 불보를 믿고, 그런 불보를 증(證)하고 체험하는 가르침을 따라서 행동하는 우리는 승보입니다.

승보가 하는 일이 무엇인가? 승보가 할 일은 많지 않습니까. 염불(念佛)도 하고, 여러 가지 주문(呪文)도 외고, 승보는 다 아시는 바와 같이 성불(成佛)하는 길을 가는 사람입니다. 우주의 근본 진리인 그러한 불성(佛性), 부처님 성품을 깨닫고자 하는 사람이 바로 승보입니다.

참선(參禪)이란 무엇인가?

우주의 진리를 깨닫는 가르침 가운데서 제일 으뜸 가르침, 가장 압축된 가르침, 그것이 참선(參禪)입니다. 오늘 우리가 모인 것은 참선을 하고자 해서입니다. 인류문화사 가운데 참선 같이 가장 고도한 가르침은 없습니다. 참선이 무엇인가를 모르면 참된 의미에서 지성인이라 할 수 없을 정도로 참선은 귀중합니다.

우리 이웃나라인 일본에서는 젠(Zen), 참선을 가장 소중히 하는 풍조가 우리보다도 훨씬 더 미만(彌滿)되어 있습니다. 일본뿐만 아니라 지금 캐나다나 미국이나 기타 구라파 쪽이나, 참선을 상당한 과제로 삼고서 연구를 합니다.

전문적인 학자들이 참선을 연구하는 열도가 이쪽 동양권보다 더 강렬하다 합니다. 심지어는 기독교를 신봉하는 기독교인 역시 참선을 합니다. 저번에 보신 분은 아시겠지만, 수녀님 역시 여기 와서 같이 참선을 했습니다. 이와 같이 불교인이 아닌 분들에게도 참선의 비중이 커져서 연구를 하고 탐구를 합니다. 인간정신을 영원의 경계, 생사를 초월한 가장 행복스러운 경계, 그런 경계로 이끄는 방법 가운데서 참선이 제일 으뜸가는 최고도의 가르침입니다. 따라서 현대 지성인들은 비록 불교인이 아니더라도 참선이 무엇인가는 아셔야 합니다.

참선이 무엇인가? 제가 예언가는 아닙니다만 앞으로 두고두고 해를 거듭할수록 참선 문제는 더욱더 중요한 이슈로 부각될 것입니다. 왜 그런가 하면 지금 번잡하기도 하고, 이와 같이 혼란스러운 산업사회의 위기를 극복하는 문제, 이 문제에 있어서 제일 소중한 해결책, 산업사회의 혼란상, 물질문명사회의 여러 가지 폐단, 이것을 구제하는 면에서 참선 같은 양약(良藥)이 없기 때문입니다. 그래서 우리는 지금 참선을 하고자 해서 이 자리에 모인 것입니다.

부처님의 팔만사천 법문도 역시 참선이라 하는 것에 다 집중되어 있습니다. 거기에 다 압축이 되어 있습니다. 그러면 어떻게 참선을 해야 할 것인가? 염불(念佛)도 하고 주문(呪文)도 하고 많은 공부를 합니다만 참선하고 그런 것들하고 어떻게 차이가 있는 것인가? 참선이 대관절 무엇이기에 그와 같이 소중한 것인가?

나중에 점차로 더 말씀드릴 것입니다만, 우선 오늘은 명색이 법어(法語)라 해서 이렇게 높은 자리에 앉아서 말씀을 드리는 것이니까 사소한 방법론은 생략하고 근원적인 마음의 자세만, 참선의 마음의 자세에 대해서만 주로 말씀을 드리겠습니다.

참선, 이것은 부처의 마음을 내 마음으로 하는 것입니다. 부처의 자세를 내 자세로 하고, 부처가 숨 쉬는 호흡법을 내 호흡법으로 하는 것입니다. 이런 것은 점차 말씀을 드리겠습니다만 우선 가장 소중한 것이 무엇인고 하면 부처의 마음을 내 마음으로 해야 합니다. '선시불심(禪是佛心)이요, 교시불어(敎是佛語)'라, 참선 이것은 바로 부처의 마음이라는 것입니다. 따라서 참선하는 사람은 부처의 마음을 내 마음으로 하지 않으면, 화두를 들고 '이것이 무엇인가'를 몇십 년 한다고 해도 별 소득이 없습니다.

비록 관세음보살(觀世音菩薩)을 입으로 외운다 하더라도 우리 마음이 불심(佛心)에 가서 안주(安住)되어 있어야 참선입니다. 참선 공부라 하는 것, 특히 불교 공부는 마음 공부입니다. 마음을 깨닫는 공부입니다. 따라서 마음 자세가 내 마음이 부처의 마음이 되어야 합니다.

어떻게 중생이 부처의 마음이 될 것인가? 누구나 부처의 마음이 되고자 해서 애는 많이들 쓰겠습니다만, 부처의 마음이 되기가 그리 쉽지가 않습니다. 우리가 공부를 많이 해서 통하면 되겠지만, 미처 못 통한 범부가 어떻게 부처님 마음이 될 것인가?

이런 때는 역시 부처님의 영상(映像), 즉 부처님의 이미지를 간직해야 합니다. 본래 우리 자성, 우리 마음의 근원이 부처인지라 부처님 이미지를, 영상을 간직해서 영상을 떠나지 않고 공부해 나가면 그때는 차근차근 부처한테로 가까워진단 말입니다.

참선에 관한 책도 굉장히 많이 나왔습니다. 『선문염송(禪門拈頌)』이나 화두를 드는 책만 해도 벌써 몇십 권 나왔단 말입니다. 이렇게 저렇게 서로 논쟁도 심하고, 굉장히 복잡한 교설들이 많이 있습니다. 허나 일언이폐지(一言以蔽之)하면, 한마디로 말씀드리면 결국은 내 마음 자세를, 내 마음가짐을 부처님 같이 간직해야 한다는 말입니다. 그렇게 하는 것이 가장 중요한 요점입니다.

아직은 미혹(迷惑)되고 탐심(貪心)도 많고, 또 진심(瞋心)도 많고, 삼독심(三毒心)에, 독스러운 마음에 충만한 우리 범부가 어떻게 부처 마음을 가질 것인가? 가질 수가 없습니다. 가질 수가 없으니까, 부처님 닮은 마음을 가지려고 애쓰는 것입니다.

그러면 먼저 부처님 마음은 어떤 마음인가? 부처가 안 되어 봐서 모르겠습니다만, 부처가 안 되어 봤다 하더라도 부처님 가르침, 그 뒤로 부처님 가르침을 부언 설명도 하고 체험도 하신 그런 도인들의 가르침 따라서 부처님 마음을 생각해 본다고 합시다. 부처님 마음을 구체적으로 한 법문은 140불공법이라, 140종목으로 나누어서 부처님의 무량한 공덕을 말씀했단 말입니다.

부처님의 공덕은 한도 끝도 없습니다. 불경에 보면 도를 성취한 아라한(阿羅漢)이 수십만 년을 두고서 부처님 공덕을 헤아린다 하더라도 부처님의 공덕을 다 말할 수 없다고 되어 있습니다. 우리가 어떻게 몇 마디로 부처님 공덕을 다 말하겠습니까만 그런 공덕을 간추려서 140종으로 구분한 것이 있다 말입니다.

그것도 너무 많지요. 이 시간에 그걸 다 나열할 수가 없지요. 더 간추려서 부처님 공덕을 말씀한 법문은 18공덕이라, 십팔불공법(十八不共法)이라, 일반 중생과 더불어서 할 수 없는, 부처님만이 가질 수 있는 그런 무량공덕을 18종목으로 구분한 것이 있다 말입니다. 그것도 또 많아서 이 시간에 다 말씀을 드릴 수가 없지요.

가장 간추린 것이 무엇인가? 부처님의 무량공덕을 가장 간추린 법문이 열반사덕(涅槃四德)입니다. 영생 해탈의 자유 그런 뜻이 열반(涅槃)입니다. 보통 열반에 든다 하면 죽는다는 걸로 통용합니다만 열반의 본뜻은 영생(永生)한다, 불생불멸(不生不滅)한다는 말입니다. 영원히 존재한다 또는 일체 번뇌를 떠난 경계다 이것이 열반입니다. 그래서 열반사덕이라, 즉 부처님 경계를 다 간추리면, 모든 공덕을 다 포함해서 간추리면 네 가지 속성 '상락아정(常樂我淨)'으로 구분합니다.

그중 한 가지는 항상 상(常)이라, 항상 부처님 생명은 존재한다는 말입니다. 생로병사(生老病死)를 떠나서 언제나 영원히 상주부동(常住不動)이라, 항시 부처님의 생명이 있단 말입니다.

그 다음은 안락할 락(樂)이라, 일체 고난을 다 떠나서 그때는 영원히 안락스럽다는 말입니다. 부처님 경계 가운데서 영혼천도 할 때 제일 나중에 가서 환희장마니보적불(歡喜藏摩尼寶積佛)이라, 부처님 명호(名號)

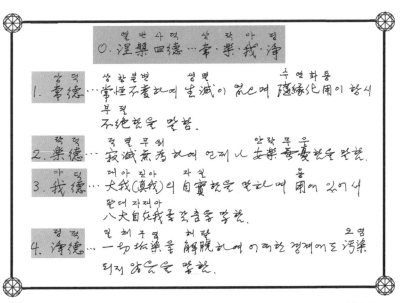

열반사덕

○ 空觀에 徹할때 萬法唯一心 心外無別法
이 境界가 나타나서 밀고 心의 自由를 得한다.

* 공관에 철할 때 만법유일심 심외무별법 의 경계가 나타나서 비로서 심의 자유를 득한다.

一心卽無量心　無量心卽一心
(일심즉무량심)　(무량심즉일심)

○ 空이라 一切法은 緣起한 탓 意味로 되는 그것을 対立의 自他를 없이 해서 이를 大我 或은 宇宙 我로 보는 것이다.

* 공이란 일체법은 연기한다는 의미도 되고 그것은 대립적 자타를 없이해서 이를 대아 곧 커다란 자기 중에 수득하는 것이다.

一佛卽一切佛　一切佛卽一佛
(일불즉일체불)　(일체불즉일불)

한생명	卽心卽佛　卽心念佛
일체생명	(즉심즉불)　(즉심염불)

한마음
무량한 마음

공관

를 욉니다. 환희장마니보적불이라 말입니다. 기쁘고 날뛰는 것이 환희
(歡喜) 아니겠습니까. 환희심(歡喜心)이란 말입니다. 환희장(歡喜藏)이
라, 장은 감출 장(藏), 환희가 충만해 있다는 말입니다. 환희를 원만히
갖추고 있다 말입니다.

환희장마니(歡喜藏摩尼)라, 마니(摩尼)는 마니보주(摩尼寶珠), 마니는
무엇인가 하면 이 세상에서 제일 좋은 보배, 즉 말하자면 여의주(如意
珠) 말입니다. 모든 것을 다 낼 수 있는 보배 이것이 마니보주입니다.
환희스러운 행복이 충만되어 있고, 동시에 모두를 다 할 수 있는 그런
마니보주란 말입니다.

보적불(寶積佛)이라, 보배 보(寶), 쌓을 적(積), 행복이나 자유스럽게
할 수 있는 능력이나, 이것이 보배같이 한도 없이 쌓여 있는 부처라, 그
뜻이 환희장마니보적불(歡喜藏摩尼寶積佛)입니다. 부처님 공덕은 이
와 같이 끝도 갓도 없습니다. 재미지고 기쁘고 한 정도가 아니라, 최상
의 행복이란 말입니다.

우리는 중생계에만 기쁨이나 행복이 있지, 공부해서 올라가면 그때는
무미건조해서 아무것도 없다 생각하지만, 욕계를 떠나면 떠날수록 행
복은 거기에 비례해서 더 가중됩니다. 안락무우(安樂無憂), 즉 불교 말
로 하면 극락(極樂)이라, 다시 위없는 행복만이 있단 말입니다.

그 다음은 나 아(我), 아덕(我德), 이것은 모두를 다 할 수 있단 말입니
다. 모두를 다 할 수 있고, 모두를 다 알 수 있는 것이 불교의 아입니다.
불교 말로 하면 이것은 자재아(自在我)라, 모든 것을 자유롭게 할 수 있
다는 말입니다. 우리가 느끼는 아, 이것은 그냥 얽매이는 아입니다만
깨달아서 영원으로 느끼는 그런 아, 말하자면 대아(大我), 우리는 지금

소아(小我)입니다만 대아(大我)가 되면 그때는 자재아라, 천지 우주의 모든 것을 마음대로 자재할 수 있다 말입니다. 신통도 하고 말입니다.

그 다음은 맑을 정(淨), 정이란 말입니다. 그때는 조금도 번뇌가 없이, 오염된 더러움이 없이 청정하다 말입니다.

이와 같이 상주부동(常住不動)해서 언제나 영생(永生)하고, 적멸무위(寂滅無爲)해서 안락무우(安樂無憂)하고, 참다운 행복만이 충만하고, 또는 모두를 다 할 수가 있고, 알 수가 있고, 또는 청정해서 조금도 번뇌의 오염된 흔적이 없는, 이러한 부처님 공덕을 다 합한 것이 불성공덕(佛性功德)입니다. 이와 같은 것이 부처님한테는 곁들어 있습니다. 우주의 본바탕, 내 생명의 본질인 동시에 우주 모든 존재의 본바탕은 부처님입니다. 부처님 가운데는 그와 같은 속성이 원래 본유(本有)라, 근본 본(本), 있을 유(有), 본래 갖추고 있는 것입니다.

우리 불자는 지금 안 통해서 미처 그걸 모르지만 이 세상에서 가장 정직한 분이 부처님입니다. 제일 정직하고 제일 성실한 분이 역시 석가모니, 예수님, 공자님, 그런 성인들입니다. 성인들 말씀은 거짓말이 없습니다. 따라서 앞서 말씀처럼 중생은 미처 못 봐서 모른다 하더라도, 우리 본 성품(性品), 우리 자성(自性) 가운데는 일체공덕이 본래 다 갖추어 있단 말입니다. 그것을 딱 믿어야 됩니다.

맛있는 음식을 먹으면 맛이 좋고, 자기가 사귀고 싶은 좋은 사람을 사귀면 기분이 좋고, 감투가 올라가면 기분 좋고 하겠지요. 그런데 불성공덕이, 우리 자성 공덕이, 그런 기분 좋은 것들보다 더 비교할 수 없이 안 좋으면 우리가 성불하기 위해서 별 애를 안 씁니다. 비록 내 스스로 본 성품이 부처라 할지라도 그 부처한테 깃들인 공덕, 그 공덕이 시원

찮으면 누가 거기에 가려고 하겠습니까?

인간이 느끼는 오욕(五欲), 오욕은 아시는 바와 같이 재(財), 색(色), 명(名), 식(食), 수(睡)입니다. 재물이나, 먹는 것이나, 또는 이성간의 색이나, 또는 자기 명망이 올라가서 감투를 쓰는 것이나, 또는 수면 이런 것들이 오욕입니다. 우리 중생은 오욕 가운데서 헤맵니다. 그런 것들이 물론 재미가 있겠지요, 몸이 있으니까. 허나 그런 것을 추구하는 한 인간의 자유는 갖지 못합니다. 우리의 불성, 본 성품인 불성, 이것은 그런 오욕에 비교할 수가 없는 것입니다.

그러기에 환희장마니보적불이란, 또는 환희광불(歡喜光佛)이란 말씀이 있단 말입니다. 따라서 지금 눈에는 안 보이지만 제일 정직하고, 제일 바로 말씀하고, 바로 본 분이 말씀하신 그 가르침, 지금 안 보이지만 내 불성 가운데는 그런 무량공덕이 본래 갖추어져 있다, 이걸 딱 믿어야 합니다. 믿고서 그 공덕을 항시 자기가 자기 영상으로, 이미지로 간직해야 한단 말입니다.

'이것이 무엇인가?' 화두를 생각해 봅시다. '이것이 무언가?' 화두는『육조단경(六祖壇經)』에 있습니다. 여러분들도 '이것이 무엇인가' 화두는 아실 것입니다만, 이 화두는 나한테 한 물건이 있는데 그 물건은 무엇인가 하면, 밝기는 천지일월보다 더 밝다 말입니다. 또 검기는 칠보다도 더 검단 말입니다. 또는 하늘을 괴이고 땅을 받쳤단 말입니다. 항시 내가 움직이고 말하고 그런 가운데 있지만 미처 거두어 얻지 못하는 그 무엇이 무엇인가? 이것이 '이뭣고' 화두입니다. <有一物 上拄天下拄地 明如日黑似漆 長在動用中 動用中收不得 且道過在甚麼處>

일체 화두는 조금씩 차이는 있다 하더라도 모두가 다 '그 무엇'을 구하는 것입니다. 중생이 모르는 그 무엇, 그 무엇이 무엇인가? 그 무엇은 내 자성인 동시에 우주의 본성인 불성이란 말입니다.

그 무엇이라고 하든가, 불성이라 하든가 그것은 똑같습니다. 내가 미처 구하지 못하는 내 생명의 본바탕, 그것을 우리가 구한단 말입니다. 그와 같이 미처 안 보이지만 어떤 면으로 보나 완벽한 그 존재, 영생하는 존재, 행복에 충만한 존재, 그것이 소위 우리 본 성품이라는 것입니다. 그렇게 소중하니까 우리가 순교도 하고, 자기 지위도 버리고, 또는 재물도 버리는 것입니다.

금생에 비록 거기에 못 간다 하더라도 다른 걸로 해서는 우리 마음의 불안을 메우질 못합니다. 어떠한 것으로도 우리 마음의 불안을 메우지 못합니다. 동으로 가나 서로 가나 어디를 가나 우리 마음의 불안은 못 메웁니다. 오직 우리 마음의 본바탕, 우리 마음의 본고향에 돌아가야만 비로소 우리 마음이 불안을 면합니다.

우리 범부는 고향을 잃어버린 사람들입니다. 내 고향은 어디인가? 우리가 떠나온 가장 시초의 근원적인 우리 고향, 이것은 역시 부처님입니다. 불성입니다. 따라서 불성을 스스로 체험 못하면 우리 고향에는 못 갑니다. 따라서 우리 불안의식을 해소시키지 못합니다.

우리는 더 이상 헤매지 말아야 합니다. 비록 우리의 선근(善根)이 부족하고 노력이 게을러서 못 간다 하더라도, 방향 설정만은 옳게 해야 합니다. 우리는 진리인 행복과 자비와 지혜와, 그런 공덕을 다 갖춘 내 고향, 거기를 가야 합니다. 이렇게 방향을 설정해 놓고서 그때그때 자기 힘 따라서 공부를 해야 합니다.

참선은 불성(佛性)을 찾아가는 지름길

가고자 하는 열도가 강하면 강할수록, 그 때는 할 수 없이 옷도 이와 같
은 옷을 입어야 하겠지요. 이와 같은 옷을 입고도 공연히 탐심이나 내
고, 불룩 성이나 내고, 그러한 마음으로는 고향에 못 갑니다.

고향 가는 지름길, 이것이 참선입니다. 우리는 지금 고향 가는, 불성이
라고 하는 내 영원의 임(님), 거기 가는 지름길을 가고자 해서 이렇게 더
위에도 불구하고 모인 것입니다. 따라서 고향 소식을 환히 보듯이 느껴
야 합니다. 맨 처음에는 빡빡하겠지요. 안 보이니까 말입니다. 허나 먼
저 간 분들의 소식을 듣고서, 이미지로 부각을 시켜야 한단 말입니다.

고향 소식은 모두가 텅 비어서 다 공(空)이다, 헌데 다만 공이 아니라,
그 공 가운데는 또 뭣이 있단 말입니다. 불교 말로 하면 이것이 진공묘
유(眞空妙有)이지요. 따라서 우리 마음의 고향에 가고자 하는 참선 수
행자는 먼저 모두가 다 비었다 하는 제법공(諸法空)을 느껴야 합니다.

내가 있고 네가 있고, 나무가 있고 이렇게 집이 있는데 왜 비었다고 하

는 것인가? 전자(電子)가 있고 양자(陽子)가 있는데 왜 비었느냐? 이렇게 말들을 합니다. 허나 사실은 있지가 않은 것입니다. 물질의 근원은 사실 물질이 아닌 것입니다. 이것은 지금 물리학자도 말했습니다.

우선 하나의 수소(水素)를 두고 봅시다. 수소는 양자 하나, 그 주위에 전자 하나가 빙빙 도는 것이 수소 아닙니까. 또 탄소는 원자핵을 중심으로 전자 6개가 빙빙 돕니다. 이러한 것을 생각해 본다고 할 때에, 양자와 전자와 결합된 인연 따라서 임시간 이루어졌을 뿐입니다. 즉 말하자면 인연생(因緣生)이라, 인연 따라서 하나의 일체 물질의 근원인 원자가 이루어졌습니다.

우리 몸뚱이는 무엇인가? 그런 것으로부터 이루어진 산소나 수소나 탄소, 질소 같은 것이 모여서 우리 몸을 구성했습니다. 나무나 소(牛)나, 또는 일체 하늘에 있는 별이나, 모두가 다 전자와 양자로 구성된 각 원소로 이루어지지 않은 것이 있습니까.

헌데 양자나 전자는 무엇인가? 물리학적인 의미에서 파괴를 한다 해도 그것이 무엇인가 알 수가 없단 말입니다. 다만 광명의 흐름뿐인지 무엇인지 알 수가 없단 말입니다. 지금 과학적 술어로 말하면 단지 장(場)만, 장만 결국 우주에 충만해 있다는 말입니다. 즉 물질을 분석하고 분석해서 쭉 들어가면, 끝에 가서는 우주에 변만(遍滿)된 하나의 장만 있다는 것입니다. 그런 장으로부터 장이 어떻게 진동하는가? 어떻게 도는가? 거기 따라서 각 양자가 있고 전자가 있단 말입니다. 즉, 다시 말하면 우주는 텅 비어 있습니다.

우리 인간은 밖은 못 봐서 그때는 무엇인가 있다고 생각한단 말입니다. 마치 누런 안경을 쓰고 보면 누렇게 보이고, 붉은 안경 쓰고 보면 모두가 붉게 보이듯이, 그러나 참말로 보면 그야말로 텅 빈 것인데, 가령 저장(場), 우주의 근원적인 순수한 에너지, 그걸 볼 수 있는 안경을 쓰고 본다면 그때는 우주가 텅 비어 있단 말입니다.

도인들은 불성만 보는 안목, 허기 때문에 우주를 다 불성으로 본단 말입니다. 너요, 나요, 또는 붉다, 누렇다, 이런 것은 우리 인간이 인간의 업장(業障)을 쓰고 보니까 그렇게 보이는 것입니다.

따라서 우리는 지금 안 보인다 하더라도 도인들의 가르침 따라서 우주가 텅 비어 있다, 일체(一切) 유위법(有爲法) 여몽환포영(如夢幻泡影)뿐이다, 있는 것은 모두가 다 꿈이요, 허깨비요, 그림자요, 거품이요. 이와 같이 봐야 합니다.

내가 있다, 네가 있다, 이런 마음으로 해서는 공부를 못합니다. 차별을 못 넘어섭니다. 분명히 내가 있고 네가 있으면 그때는 미운 사람이 있고 좋은 사람이 있겠지요. 우리가 보는 것은 다만 업장의 투사(投射)에 불과합니다. 업장의 반영에 불과합니다.

우리는 실존(實存)을 못 봅니다. 비록 내가 안 보이지만 실존을, 실상(實相)을 본 척하고서 보는 마음가짐으로 공부하는 것 이것이 참선입니다. 무식한 분들은, 몽매한 분들은 그렇게 할 수가 없습니다만 적어도 참선한다, 내가 선(禪)을 한다, 이럴 때는 아까 말씀처럼 부처님의 안목을 내 안목으로 해야 합니다. 그것이 참선입니다.

부처의 안목을 내 안목으로 할 수만 있다면 거기에 따르는 표현 방법은 문제가 되지 않습니다. 하나님을 부르건, 아미타불(阿彌陀佛)을 부르건, 또는 무(無)자를 부르건, 그것은 문제가 아닙니다. 다만 마음이 부처님 불심(佛心)에 딱 안주하는 것이 문제입니다.

중생들은 불심을 못 보니까, 우선 겉에 뜬 방법으로 이 방법이 최고다, 이것 아니면 배격을 합니다. 이렇게 되니까 각 종파가 분열되고, 각 종교의 싸움이 생깁니다. 허나 기독교건 무슨 교건, 종교의 근본 진리에 마음을 두고서 그것만 딱 파악한다 그러면 그때는 서로 싸울리가 만무합니다. 표현이야 그때그때 시대나 개성 따라서 달리 표현되겠지요.

이런 말씀이 있어요. 부처를 구하되 부처에 착하지 말고, 법을 구하되 법에도 착하지 말라, 우리가 구하는 것은 부처 아닙니까. 가장 소중한 것이 부처인데 부처라는 말에 착하지 말라는 것입니다. 이 정도로 자유스럽게 공부하는 것이 참선입니다.

오직 문제는 내 마음의 본성입니다. 부처 역시 내 마음의 본성을 우선 가고자 해서 임시로 표현한 것에 불과합니다. 따라서 부처라는 말도 착하지 말고, 법이라는 말도 착하지 말고, 오직 문제는 결국 인간이나 일체 우주의 본바탕인 '그 무엇' 그 진리 그것만 문제시한단 말입니다.

스피노자는 기독교도 신봉했지만 불교도 독실하게 공부한 분입니다. 그분이 이런 말씀을 했습니다. "영원의 상, 영원의 이미지로 영원의 이미지에서 현실을 관찰하라." 영원의 이미지로 현실을 관찰한다고 하면 일체가 영원에 참여한다는 말입니다. 이런 말씀을 했단 말입니다.

우리는 박 아무개면 박 아무개 자기 주관대로 관찰합니다. 김 아무개는 김 아무개 자기 주관대로 관찰합니다. 이렇기 때문에 서로 십인십색이라, 각기 의견의 차이가 있다 말입니다.

헌데 우리는 비록 영원성에 미처 못 가 있다 하더라도 성자의 가르침에 의해서 영원의 이미지로, 영원의 차원으로 관조(觀照)한다 말입니다.

부처는 아까 말씀처럼 일체를 다 공(空)으로 본단 말입니다. 그러나 다만 공이 아니라, 공 가운데는 심심미묘(甚深微妙)한 묘유(妙有)가 있다, 이렇게 본단 말입니다. 즉 부처님은 일체만유를 진공묘유(眞空妙有)로 봅니다. 따라서 진공묘유로 모두를 본다고 생각할 때에는 그것이 영원의 이미지입니다.

내가 있고 남이 있고, 이렇게 무수무량의 차별이 있다 하더라도 그런 것은 다 쓸어버리고서 모두가 다 바로 본다면, 부처나 그런 성자가 본다면, 우주는 텅텅 빈 것인데 그 텅텅 빈 가운데 광명만 충만해 있다, 이렇게 보고서 영원의 이미지를 안 놓치는 것 이것이 참선 공부입니다. 비록 순간 동안 느낀다 하더라도 그것을 안 놓친다 말입니다. 이론적으로는 비록 못 통한다 하더라도 영원의 이미지, 바로 보면 모두가 다 부처뿐이구나, 부처의 광명뿐이구나, 중생으로 보는 것은 우리가 잘 못 보는 것이지 모두가 다 부처구나, 우주가 텅텅 비어서 그 가운데는 부처가 충만되어 있구나, 이와 같이 보는 마음을 애쓰고 지속시켜야 합니다. 이것이 참선입니다.

순간만 느끼고 말면 그때는 다시 나쁜 버릇대로 나쁜 마음이 소생해 온다 말입니다. 나쁜 버릇이, 우리가 과거 전생에 업을 짓고, 금생에 잘 못 배우고, 잘 못 느끼고 한, 그 마음이 싹을 못 트게 하기 위해서 애쓰고, 바른 마음, 성자가 느낀 그 마음을 지속시킨다 말입니다.

천지우주는 다 부처뿐이구나, 천지우주는 다 하나님뿐이구나, 천지우주는 찬란한 광명 충만한 부처뿐이구나, 이 마음을 시시각각 앞 생각 뒷 생각 가운데 딴 생각이 끼지 않도록 지속을 시킨다 말입니다. 이것이 참선 공부입니다.

아버지라 부르건, 또는 관세음보살이라 부르건, 또는 무자라 부르건 상관이 없습니다. 부르는 것은 여러분들이 하고 싶은 대로 하십시오. 다만 마음 자세만, 마음 내용만 영원적인 진리, 거기다 딱 안주시켜야 합니다. 자기 본 성품인 부처의 성품을 꼭 체험하셔서 아까 제가 말씀드린 것처럼 환희장마니보적불이라, 환희가 충만한 그러한 행복을 누리시기를 간절히 바라면서 말씀을 마칩니다.

나무아미타불(南無阿彌陀佛)!

태안사 전경

1985년 8월 1일 곡성 태안사 하계용맹정진 2일째 법문

참선(參禪)과 삼매(三昧)

좌선(坐禪), 삼매(三昧) 이런 용어 때문에 다소 혼동을 느끼는 경우가
있습니다. 따라서 우선 용어상 문제를 대강 말씀드립니다.

삼매는 무엇이고 또 선(禪)은 무엇인가? 그런 것에 관해서 여기 보면
저렇게 말하고, 저기 보면 이렇게 말하고 있어 더러 혼동을 느끼는 경
우가 있습니다. 헌데 우리가 대국적으로 생각할 때에 삼매나 선정(禪
定)은 똑같은 의미로 풀이가 됩니다. 물론 분석하기 좋아하는 사람들이
그때그때 복잡하게 풀이를 합니다만 그럴 필요는 없습니다. 선정이나
삼매나 똑같은 의미가 됩니다.

즉 삼마발제(三摩跋提)라는 것이 인도 말로 하면 삼마지(三摩地)인네,
우리는 중국으로 건너오면서부터 삼매라 합니다. 삼매가 무엇인가? 우
리가 어떤 것이나 하나의 것에 몰두하는 것을 보고 삼매라고 합니다.
책에 몰두하면 독서삼매(讀書三昧)라 하듯이 어떤 것에 몰두하는 것을
가리켜서 삼매라 합니다. 비단 우리 불교뿐만 아니라 어떤 것이든간에

하고 싶은 것에다 전 심력(心力)을 다 경주해서 몰두하는 그것 보고 삼매라 합니다.

이러한 가운데서 우리 불교의 삼매가 가장 통일되고, 가장 고차원의 정신을 집중하는 법입니다. 우리가 아는 바와 같이, 도교 계통의 정신을 통일하는 삼매법도 있습니다. 기독교의 기도 모시는 것처럼 마음을 하나로 통일시키는 법도 있습니다.

요새 마인드컨트롤(Mind-control) 같은 것도 역시 마음을 통일하는 삼매법의 하나입니다. 아무튼 하나의 경지에다 마음을 머물게 해서 집중하는 그것을 보고 삼매라 하는 것입니다.

저번 시간에도 말했습니다만 불교의 참선이 그런 보통 삼매와 어떤 차이가 있는가 하면, 불교의 수행법은 선오후수(先悟後修)라, 먼저 우리가 비록 체험은 못했다 하더라도 부처의 경계, 우리의 목적 경계, 소위 말하는 목적의식을 확립시킵니다. 이런 데에 불교 참선과 다른 것의 차이가 있습니다.

비록 내가 아직 성불을 못했다 할지라도 부처가 된 셈 치고서 하는 것입니다. 그런데 불심을 떠나버리면 참다운 참선은 못 됩니다. 비록 지금 자기가 제아무리 미혹(迷惑)되어 있다 하더라도, '내 본 성품이 부처구나' '나한테는 무량(無量)의 공덕(功德)이 있구나' 그것을 확실히 믿어야 합니다.

우리 참선은 특히 아주 고행적(苦行的)인 행동을 요합니다. 생각해 보십시오. 며칠이나, 몇 달이나, 몇 년이나 앉아서 배길 수가 있습니까? 강렬한 희망이 없으면 못 배깁니다. 따라서 그렇게 하려면 먼저 자기가 갖추고 있는 무량한 공덕, 자기 본성이 갖추고 있는 행복스러운 여러 가지 가능성, 그것을 확실히 믿어야 합니다.

다시 말하면 신(信)이 앞서야만 우리가 참선을 배겨낼 수가 있습니다. 자기 청춘도, 자기 가정도 모두 뿌리치고서 결연(結緣)해야 하고, 어떤 경우에는 대사일번(大死一番)이라, 자기 생명도 버려야 한다 말입니다. 달마 대사도 9년 면벽(面壁), 9년 동안 소림사(少林寺) 석굴(石窟)에서 벽을 바라보고서 지냈다 말입니다. 남전보원(南泉普願) 스님은 30년 동안 한 처소에서 움직이지 않았습니다. 남양혜충(南陽慧忠) 국사 역시 40년 동안 남양 백애산에서 움직이지 않고서 산에서 지냈다 말입니다. 이와 같은 기운이 어디서 나오는 것인가? 역시 자기 자성, 내가 비록 못 깨달아서 모른다 하더라도 나한테는 무량의 공덕이 있다, 무량의 행복은 본 성품이 있다, 내가 깨달으면 영생한다 하는 불 같은 신조가 먼저 앞서야 하는 것입니다. 그렇게 해야만 그런 힘이 나오는 것입니다.

따라서 지금 재주도 없고 또는 못생기고 했다 하더라도 내 자성, 내 본 성품에 대한 믿음을 가져야 합니다. 이것은 어거지입니다. 이것은 억지로 가져야 합니다. 억지로 갖는다 하더라도 역시 우리가 가만히 있으면 그것은 억지로 안 들어갑니다.

옛 선(禪)의 말씀에 '지관타좌(只管打坐) 심신탈락(心身脫落)'이라는 것이 있습니다. 다만 지(只), 대롱 관(管), 이것이 지관인데 우리말로 풀이 하면 오로지란 뜻입니다. 타좌(打坐)란 때릴 타(打), 앉을 좌(坐), 즉 오로지 앉으라는 것입니다. 영리한 사람은 편한 것을 좋아해서 오로지 앉기를 싫어합니다. 그냥 머리로만 생각해서 머리로만 다 해버리려고 합니다. 그래서는 참선을 못합니다.

바보같이 앉는 끈기가 필요합니다. 오로지 앉아라, 지관타좌(只管打坐)

하면 심신탈락(心身脫落)이라, 몸 신(身), 마음 심(心), 벗을 탈(脫), 떨어질 락(落), 그렇게 해야만 우리 몸에 배어 있는 번뇌의 습기(習氣)가 떨어집니다.

앉다 보면 자기도 모르는 가운데 차근차근 자기 번뇌가 떨어집니다. 오로지 앉아라, 그러면 몸에 있는 습기, 마음에 있는 번뇌가 떨어집니다. 따라서 좌선(坐禪)하는 분들은 먼저 무서운 신심(信心), 그다음에는 오로지 앉아야 한다는 끈기가 필요합니다. 끈기 없이는 좌선을 못합니다. 비록 우리가 달마 대사의 9년 면벽처럼 9년 동안 석굴에서 배길 정도로 못 지낸다 할지라도 적어도 몇 년간은 배긴다는 그런 기백이 필요합니다. 그래야만 좌선해서 명색이 육근청정(六根淸淨)이라, 우리 육근은 안(眼), 이(耳), 비(鼻), 설(舌), 신(身), 의(意), 즉 눈, 귀, 코, 입, 촉감 모두가 다 오염돼 있지 않습니까? 이런 것이 청정하게 되어서 깨달음에 이르려면 오로지 앉아야 합니다.

그렇게 되면 자기도 모르게 차근차근 앙금이 가라앉습니다. 흐린 탁수(濁水)를 가만두면 시간이 경과하며 앙금이 가라앉고 바닥이 훤히 보이죠. 부처님 당시에 어느 왕의 공주가 못가에서 놀다가 금패물을 잃어버렸습니다. 자기를 따라온 종들이 건져 내려고 못을 아무리 휘저어봐도 그것이 안 나온다 말입니다. 그러니 이제 어디로 가버렸구나 생각하고 그만두고서 모두가 들어와 버렸습니다. 나중에 종 하나가 어슬렁어슬렁 못가에 가서 보니까 그때는 앙금이 가라앉고서 맑은 바닥에 패물이 보인다 말입니다.

그와 마찬가지로 우리 마음은 가만두면 가라앉습니다. 우리 마음의 바닥은 부처입니다. 바닥이 나와야 쓸 것인데, 자꾸 분별시비하고, 나다

너다 하는 이런 여러 가지 차별 때문에 바닥이 안 나옵니다.

그런데 아까 말한 바와 같이 지관타좌(只管打坐), 오로지 앉아라! 그러면은 심신탈락(心身脫落)이라, 몸과 마음이 오염된 것이 가라앉고서, 그때는 참다운 우리 마음 저변에 있는 불성이 보입니다.

불교 심리학에서 본다 하더라도 우리 마음의 의식의 뿌리는 말나식(末那識)이라 합니다. 안(眼)·이(耳)·비(鼻)·설(舌)·신(身)·의(意) 6의식(六意識), 우리 중생은 보통 6의식으로 쓰지 않습니까. 그 밑에 가서는 제7말나식(第七末那識)이 있습니다. 지금 심리학이 말하는 잠재의식(潛在意識)이 되겠지요. 불교에서 말할 때 말나식(末那識)까지는 오염이 되어 있습니다.

그다음 제8아뢰야식(第八阿賴耶識)이라, 아뢰야식은 불교 심리학에서는 정분(淨分), 염분(染分) 즉 청정한 부분 또는 물들어서 오염된 부분, 이와 같이 나누어 보는 것인데, 제9암마라식(第九唵摩羅識)이라, 제9암마라식은 청정해서 조금도 오염되지 않았다 말입니다. 그런 청정한 의식, 그 진성(眞性)이 진여식(眞如識)이라, 부처란 말입니다.

누구든간에 우리 마음 저변에는 부처가 있습니다. 그것이 여러 가지 인과(因果)에 따라서 차근차근 오염되어서 제9암마라식도 못 쓰고, 제8아뢰야식도 못 쓰고, 제7말나식도 못 쓰고, 6식만 쓰는 사람의 존재인 것입니다. 천상이나, 지옥이나, 아귀나, 그런 모든 것이 다 의식의 수준입니다. 마음이라는 의식이 5식도 미처 못 쓰면 저런 식물이 되겠지요. 안이비설신(眼耳鼻舌身)이라, 5식만 쓰면 사람 아닌 동물이 되겠지요. 사람은 더욱 진화되어 6의식까지 씁니다. 신중(神衆)들은, 사람과 같은 그런 오염된 몸을 갖지 않은, 조금 나은 몸을 가진 신중들은 더욱 깊은

식을 씁니다.

부처는 안이비설신의(眼耳鼻舌身意), 말나식(末那識), 또는 아뢰야식(阿賴耶識), 암마라식(唵摩羅識), 불식(佛識)까지 다 씁니다. 따라서 일체존재는 모두가 의식의 차원의 차이입니다.

의식을 보다 더 잘 쓰면, 원래 가지고 있는 의식을 깊이 있게 다 쓰면 그때는 부처고, 조금 덜 쓰면 보살(菩薩), 연각(緣覺), 성문(聲聞) 그런다 말입니다. 불교 심리학은 유식론, 오직 유(唯), 알 식(識), 유식론인데, 유식론에 이런 것이 있습니다만, 현대 심리학에서도 역시 심층 심리학에서 융 같은 분은 상당히 깊이 말했습니다. 그분은 불교를 공부했으니까 말입니다.

좌선, 이것은 심전(心田) 개발(開發)이라, 우리 마음 밭을 개발하고 개발해서 우리 마음의 저 밑창을 캐내는 작업입니다. 이런 가운데 선이 최상의 길인데, 선이라는 것은 아까도 말한 바와 같이 우리 마음이 부처님의 영상(映像)을 떠나지 않아야 한다 말입니다. 따라서 부처님의 영상만 안 떠나면, 불심만 여의지 않으면 그때는 앉으나 서나 누워서나 다 선입니다. 다 참선입니다. 앉아서나 누워서나 또는 길을 가면서나 다 참선입니다.

따라서 상행삼매(常行三昧)라, 항상 걸으면서 하는 그런 삼매도 있습니다. 또는 상좌삼매(常坐三昧)라 항시 앉아서만 하는 좌선도 있습니다. 또는 반좌반행삼매(半坐半行三昧)라 앉아서 반, 서서 반, 그렇게 하는 참선도 있습니다.

그런 가운데서 좌선하는 법이 제일 좋습니다. 좌선하는 법이 일체행법 가운데서 가장 안정된 법입니다. 불교뿐 아니라 앞서 말한 바와 같이

다른 종교 역시 안정된 모습을 취할 때는 이렇게 앉아서 하는 식으로
합니다.

염불선

청화 큰스님이 출가인연을 맺은 운문암 선원 모습

정진 대중들이 마음을 쉬었던 태안사 연못

참선의 구체적 방법

가부좌(跏趺坐), 바로 앉는 이것이 가부좌 아닙니까. 불교에서 하는 좌
선법이 가부좌인데, 가부좌해서 앉으면 그 모양이 정삼각형 모양이라,
물론 삼각형(三角形)의 각 변은 같지 않지만 하여간 이변(二邊)은 같습
니다. 저변(低邊)만 다르고, 정삼각형 비슷한 것인데, 이것 보고 불교에
서 일체여래지인(一切如來智印)이라 합니다.

불교는 상징을 중요시합니다. 정사각형을 그려놓고 그것을 지(地)라 합
니다. 원형을 동그랗게 그려놓고 수(水)라 합니다. 삼각형을 화(火)라
합니다. 반원(半圓)을 보고는 풍(風)이라 합니다. 불교는 상징을 중요시
합니다. 굉장히 상징적인 것이 뜻이 깊습니다.

이와 같이 삼각형, 불교에서 일체여래지인이라, 일체여래의 지혜(智慧)
의 인(印)이란 말입니다. 따라서 이렇게 정삼각형 모양을 취하는 것이
우리가 갖고 있는 불성(佛性)을 개발하기 가장 쉬운 법입니다. 즉 좌선
하는 법이 일체 수행법 가운데서 가장 안정되고 불성을 개발하기 쉬운

법이니까 이제 좌선을 주로 합니다.

그래서 용수 보살 같은 제2의 석가라 할 정도로 위대한 분도 차가부좌자(此跏趺坐者:是跏趺坐者)라, 가부좌 이것은 무엇인가 하면 최안온불피극(最安穩不疲極), 가장 안온스럽고 피로를 모른다 말입니다.

처음엔 조금 거북하지만 익숙해지면 가부좌처럼 좋은 법이 없습니다. 이렇게 다 누워서는 하루 동안 못 배깁니다. 허나 가부좌 행습(行習)을 하면 앉아서는 하루나 이틀이나 배기는 것입니다. 훈련을 하면 모르겠습니다만 방금 말씀처럼 어떤 것도, 우리가 걸어서 왔다 갔다 하는 법도 역시 그것으로만은 못 배깁니다. 그러나 이렇게 앉아서 하는 가부좌는 배길 수가 있습니다.

'최안온불피극(最安穩不疲極)'이라, 가장 안온스럽고 피로를 모른다 말입니다. 따라서 '마왕견지(魔王見之) 기심수포(其心愁怖)'라, 마왕(魔王)이라는 것은 악마의 왕 아닙니까. 우리 마음에서 일어나는 분별시비(分別是非)나 여러 가지 망상(妄想), 이것이 마왕입니다. '마왕견지', 마왕이 있어서 우리를 본다 할 때에 가부좌하는 모습을 보면 '기심수포'라, 그 마음이 두렵다 말입니다.

우리들 중 과거세(過去世)에 좌선을 많이 안 해온 분들이 있습니다. 과거세에 공부를 많이 한 분들은 금생에 척 들어앉으면 그냥 쭉 펴서 공부가 잘되지만, 과거에 참선을 익히지 않은 분은 앉으려면 굉장히 고역을 치릅니다. 허나 어거지로라도 꼭 해야 합니다. 왜 그러냐면 아까 말마따나 '최안온불피극'인 동시에 며칠이고 몇 년이고 앉을 수 있는 방법은 이 법뿐이니까 말입니다. 이렇게 해야 우리가 달마 스님같이 오랫동안 공부를 할 수가 있다 말입니다.

물론 오랫동안 하지 않고서 잠시간만 한다 하더라도 그 효험이 없는 것은 아닙니다만, 역시 오랫동안 해야 우리의 과거번뇌 금생번뇌가 녹아집니다. 우리는 '구생기번뇌(俱生起煩惱)'라, 함께 구(俱), 날 생(生), 일어날 기(起), 우리 생과 더불어서 과거로부터 지어온 번뇌가 있단 말입니다.

우리의 몸으로 행동하고, 우리 입으로 말하고, 우리 뜻으로 분별하고, 이런 것은 그 때 하면 순간 사라지지만 흔적은 사라지지가 않습니다. 우리 마음 식(識)에다가 인상(印像)을 둔다 말입니다.

담배 피우는 사람이 자기 몸에 담배를 비벼서 피는 것은 아니지만 몸에서 담배 냄새가 나는 것을 보십시오. 자기 호주머니에다 향(香)을 담은 사람은 자기 몸에 향을 바르지 않지만 향기가 풍깁니다. 이와 마찬가지로 우리가 어느 한마디의 말, 또는 행동 하나, 생각 하나를 한다 하면 그런 것은 사라진다 하더라도 흔적은 안 사라집니다. 흔적 그것은 종자(種子)가 되어서 우리 의식에다 흔적을, 인상을 둔단 말입니다.

그것이 쌓이고 쌓여서 우리의 업장이 된다 말씀입니다. 우리 의식에는 어느 누구나 다 몇만 생 동안 쌓이고 쌓인 훈습(熏習)된 업장이 있습니다. 인상을 둔 우리의 흔적이 있습니다.

따라서 금생(今生)에 태어난다 하더라도 그런 업장 때문에 우리 행동이 제한을 받습니다. 타고 나온 본 소질이나 그런 것은 모두가 다 훈습된 업장 때문에 그럽니다. 금생에도 나와서 잘 못 배우고, 잘 못 듣고, 잘 못 생각하고, 이것이 또 흔적을 둔다 말입니다.

과거세(過去世)에 흔적을 둔 이것이 '구생기번뇌(俱生起煩惱)'라, 그 위에다가 금생에 이루어진 번뇌, 이것이 '분별기번뇌(分別起煩惱)'라, 이와 같이 과거세에 생과 더불어서 가지고 온 번뇌, 금생에 새삼스럽게 새로 지은 번뇌, 이런 번뇌를 다 없애야 우리 마음의 본 바닥을 보는 것입니다.

헌데 금생에 지은 번뇌는 그냥 떼기가 쉬워도, 마치 하나의 억센 잡초가 있으면 잡초 우듬지는 베기가 쉽지만 뿌리는 좀처럼 뽑기가 어렵듯이, 우리 번뇌 역시 금생에 배운 것은 조금만, 예를 들어 나쁜 책을 많이 보았으면 딴 책을 보면 되겠지요. 소설을 많이 봐서 그에 따르는 번뇌가 많으면 철학서나 종교 서적을 많이 읽으면 되겠지요. 이와 같이 금생에 지은 번뇌는 딴 행동이나 딴 것을 취하면 달리 바꿀 수가 있지만, 전생의 번뇌, 우리 의식의 저 밑까지 깔려 있는 구생기번뇌(俱生起煩惱), 깊은 번뇌는 좀처럼 안 됩니다. 견성(見性) 오도(悟道)한 도인도 차근차근 점차로 떼는 것이지 갑자기는 못 뗀다고 합니다.

불교에서 표현할 때 '견도여파석(見道如破石)'이요, 금생에 지은 번뇌는 최파(摧破)할 때에, 끊어버릴 때에 마치 돌을 탁 치면 순간 금이 가듯이, 금생에 지은 번뇌는 법성(法性)을 보면 즉시에 끊어지지만, 구생기번뇌(俱生起煩惱)라, 생과 더불어서 온 번뇌는 두고두고 '수도여우사(修道如藕絲)'라, 마치 연뿌리를 떼려면 잘 안 떼어지지요. 질겨서 말입니다. 연뿌리를 떼는 것과 마찬가지로 전생에 지은 번뇌는 떼기가 어렵다는 것입니다.

그러나 우리가 불성에 사무치려면, 정작 우리가 앞서 말한 참다운 자유인이 되고 참다운 해탈의 성자가 되려면 싫으나 좋으나 아무 때고 그 번뇌를 떼야 합니다. 못 떼면 윤회(輪廻) 바퀴에 짓눌려 고통을 받는 것입니다.

우리는 일상적으로 공부를 해야 합니다. 스님들만 공부할 것이 아니라 재가 불자들도 마땅히 공부를 해야 합니다. 허나 아무리 선량한 불자라 할지라도 집안에서 일상적인 생활을 못 벗어나면 윤회를 벗어나기는 어려운 것입니다. 몇십 만 생을 지나도 벗어나기가 어려운 것입니다. 여러분이 공부하시면 직감하실 것입니다. 윤회 벗어나기가 쉽지 않은 것입니다.

싫으나 좋으나 우리는 꼭 아까 말한 바와 같이 금생에 지은 분별기번뇌, 과거 무량생에 지어온 구생기번뇌, 이 번뇌를 끊어야 합니다. 이것이 가장 큰일이고 대사(大事)입니다. 중생들은 이러한 것을 너무나 소홀히 하고 외면합니다.

너무 관념적인 말에 치우쳐 갑니다만, 그러면 이러한 소중한 공부하기에 피로도 모르고 또는 하기 쉬운 좌선은 어떻게 할 것인가 말입니다. 먼저 앉는 것이죠. 다리 모양은 좌체우용(左體右用)이라, 좌측은 근본체에 해당하고, 오른편은 쓸 용(用), 우용(右用)이라, 우측은 용에 해당한다 말입니다. 즉, 좌측은 가만있고 오른편은 활동한단 말입니다. 좌선은 가만히 있어야 하기 때문에, 활동을 금지하고 조용히 있어야 하기 때문에, 먼저 움직이지 않는 왼쪽으로, 움직이고자 하는 오른쪽을 딱 누른다 말입니다. 이것이 쉽습니다.

이것이 불교 말로 길상좌(吉祥坐)라 상서롭고 좋다는 것이 길상 아닙니까? 이렇게 하는 것은 보통 쉽습니다. 또한 항마좌(降魔坐)라, 마치 마구니를 최파(摧破)한 자세란 말입니다. 항마좌라, 왼발로 오른발을 딱 누르는 것은 고요한 정(靜)을 가지고 동(動)을 누르는 것이니 항마좌입니다.

참선할 때는 활동하는 것을 보고 마(魔)라 합니다. 활동해서는 그때는 안 되니까 말입니다. 금생에 너무 분별(分別)시비(是非)하고 활동을 많이 해서 우리 번뇌가 많은 것인데, 우리는 근본으로 회귀하는 가운데 근본 고향으로 가는 길이기 때문에 동하지 않은 정(靜)으로, 고요한 것으로 동(動)을 딱 누른다는 말입니다. 이것이 항마좌라, 이는 쉽습니다만 원래의 근본적인 가부좌(跏趺坐)는 이렇게 하는 것이 아니라, 좀 복잡합니다만 오른발을 왼쪽 허벅지에 딱 누릅니다. 그리고 반대로 왼발을 오른쪽에 딱 누릅니다.

항시 이렇게 하면 굉장히 좋은 것입니다. 이렇게만 앉으면 척추가 절로 펴지고 참 좋은 것이지만, 대체로 한국인들은 다리가 짧아서 이렇게 하기 어렵습니다. 너무 아프면 싫증 나서 안 되니까 말입니다.

이렇게 억지로 할 필요는 없고, 아까 제가 말한 쉬운 방법으로 마군(魔軍)을 조복(調伏)시키는 '항마좌(降魔坐)', 항복할 항(降), 마구니 마(魔), 앉을 좌(坐), 이렇게 해서 고요한 체(體)로 움직이는 마(魔), 즉 동(動)을 딱 누른다는 말입니다. 이렇게 하는 것이 좋습니다. 〈주: 청화 스님이 직접 시범을 보이시면서 말씀하셨기 때문에 글만 가지고는 이해가 쉽지 않습니다.〉

이것도 역시 너무 고집 피울 것 없이 다리가 아프면 바꾸어도 무방합니다. 그러나 원칙적으로는 오른편의 다리를 왼쪽 고요한 것으로 해서 딱 눌러버립니다. 활동을 못하게 말입니다.

손도 역시 왼손을 오른쪽 위에 놓습니다. 엄지손가락은 가만히 타원형으로 합니다. 너무 꽉 하면 긴장돼서 안 됩니다. 이렇게 하는 동정(動靜)이 하나로 합쳐져서 음양이 조화가 됩니다. 너무 더운 때는 답답하니까 이렇게 해도 무방합니다. 그러나 원칙만은 알아두어야 합니다.

'법계정인(法界定印)'이라, 법계(法界)라는 것은 불교에서 우주(宇宙) 전체를 말합니다. 우주 전체의 삼매(三昧)〈주: 우주와 하나가 되는 삼매〉에 드는 상징, 이것이 법계정인입니다.

부처님 불상을 보면 인계(印契) 즉 여러 가지 상징이 있습니다만, 이것은 무외시인(無畏施印)이라 없을 무(無), 두려울 외(畏), 베풀 시(施), 우리 중생의 두려움을 없게 하는 보시(布施)의 상징입니다.

이 손은 항마인(降魔印)입니다. 석굴암 부처님이나 석가모니께서 보리수하(菩提樹下)에서 성도(成道)하실 때는 성도인(成道印)이라, 손을 이렇게 해서 합니다. 이것은 마구니를 항복(降伏)시키는 상징입니다. 이와 같이 부처님 모양 하나하나가 상징적인 깊은 뜻이 있습니다.

그런데 아까 가부좌하는 좌선 모습으로 해서 법계정인(法界定印)이라, 법계는 우주를 말하는 것인데, 우주를 관조(觀照)하는 상징적인 것이 이것입니다.

따라서 우주를 관조하는 데 있어서 가장 알맞은 모습이 이 모습인 것입니다. 그렇기 때문에 이것은 음양이 잘 조화가 되고, 또 좌선할 때에 제일 빠르게 우리 불성을 계발(啓發)할 수 있는 것입니다.

이렇게 해서 앉도록 하고, 그다음에는 허리를 쭉 펴야 합니다. 너무 펴면 또 긴장이 되어서 안 되니까 어깨의 힘을 풀고, 가만히 무리 없게 허리를 펴야 합니다.

요는 우리 호흡이 조금도 무리 없이 되어야 합니다. 그러나 너무 긴장하면 호흡이 무리 없이 안 됩니다. 무리 없이 하기 위하여 허리를 너무 펴도 못쓰고, 앞으로 너무 숙여도 못씁니다. 약간 앞으로 숙일 정도로 허리를 편단 말입니다. 그래야만이 상하 호흡이 잘 상통(相通)합니다. 목은 백회(百會) 정수리로 해서 하늘을 찌를 만치 쭉 세웁니다. 아까 좌선하는 분들을 보니까 고개를 숙이고 꾸벅꾸벅 조시는 분도 많이 계시는데, 실은 아까 시간이 가장 졸리기가 쉬운 때입니다. 공양을 한 후이고, 배는 좀 부르고 말입니다. 그렇더라도 고개는 쭉 펴야 합니다. 고개를 쭉 펴서 반드시 보고 해야만 혼침(惛沈)이 덜합니다. 이렇게 숙이고 하면 아무리 배기려고 해도 못 버티고 꾸벅꾸벅하기가 쉽습니다. 대개 혼침 많으신 분을 보면 아래로 숙이는 버릇이 있습니다. 처음부터 고개를 아래로 숙이는 버릇은 안 들여야 합니다. 그래야 혼침이 덜 온단 말입니다.

참선 공부의 길

흐리멍덩하게 혼침하는, 우리 좌선의 원수가 무엇인가 하면, 2대 원수
가 있습니다. 하나는 분별시비하고, 또 하나는 꾸벅꾸벅하는 혼침입니
다. 이것을 조복(調伏)해야만 우리는 우리 자성(自性), 본래 불성으로
간단 말입니다. 이것을 극복하지 못하면 못 가는 것입니다. 어떠한 경
우에도 꾸벅꾸벅하는 졸음과 분별시비하면서 왔다갔다 하는 생각을 없
애야 한다 말입니다.

참선할 때 눈이 굉장히 중요합니다. 눈을 너무 많이 뜨면 시계가 넓어
져 많은 것이 보여서 분별이 오기 쉽습니다. 너무 뜨지도 말고, 절에 가
서 볼 수 있는 부처님처럼 실눈으로 해서 감은 듯 뜨는 듯 봅니다. 불교
용어로 하면 반폐반개(半閉半開)라 합니다. 반은 감은 듯 반은 뜬 듯 하
는 것입니다. 입은 어떻게 할 것인가? 어금니를 딱 다물고서 입을 다물
어야 합니다. 어금니를 다무는 것이 굉장히 중요합니다.

여러분이 초보일 때는, 선의 리듬이 아직 오르지 않을 때는 몰라도, 선

이 상당히 오를 때는 전류(電流)가 몸에 찌르르 흐릅니다. 보통 막 시작할 때는 오염이 깊어 전류를 미처 못 느낍니다만 깊어지면 전율(戰慄)를 느낍니다. 그때 그것이 지나치면 몸이 떨리는 경우도 있습니다. 그런 때 어금니를 안 다물면 자칫하면 이가 틀어지기도 하고 입이 틀어지기도 하는 것입니다.

좌선법(坐禪法)을 잘 몰라서 병신(病身)되는 경우도 있습니다. 그런 경우에 대비해서 우리가 어금니를 딱 무는 것입니다. 몸이 떨린다 해도 동요가 없게 말입니다. 혓바닥은 윗잇몸에 딱 붙입니다. 그래야 마음도 긴장이 되고, 침도 함부로 왔다 갔다 하지 않습니다. 입은 다물어서 어금니를 딱 물고 혀끝을 입천장에 붙입니다.

이렇게 해서 자세를 잡는데 여기서 중요한 것은 호흡입니다. 지난 시간에 말한 조심법(調心法)으로, 영원(永遠)의 이미지, 영원의 영상을 지녀야 한다고 말했는데, 참선 이것은 구별해 보면 3단계가 있습니다.

우리 몸으로 몸을 다스리는 조신법(調身法)이라, 우리 몸을 조화시키는 조신법이란 말입니다. 고르 조(調), 몸 신(身), 법 법(法), 방금 제가 말한 것은 주로 우리 몸을 다스리는 법입니다.

그다음 문제는 조식법(調息法)이라, 숨 쉴 식(息) 말입니다. 우리 호흡 조절 문제란 말입니다. 호흡 문제가 굉장히 중요합니다. 부처님 초기 경전을 보면 수행자의 2대 행법으로 부정관(不淨觀)과 호흡관(呼吸觀), 이렇게 두 가지가 있습니다. 부처님 근본 불교에서 여러 가지 행법이 있습니다만 수행자의 2대 행법은 부정관과 호흡법이란 말씀입니다.

호흡관은 수식관(數息觀)과 같은 뜻인데, 부정관(不淨觀)은 아니 불(不), 맑은 정(淨), 자기 몸이 더럽다고 하는, 자기 몸이 좋지 않다고 느끼는, 그러한 행법(行法)이 바로 부정관입니다. 내 몸이 중요하다는 것에서부터 번뇌(煩惱)가 나옵니다. '나'라는 생각, '나'라는 아상(我相)은 내가 중요하다 그 마음과 똑같습니다.

그러나 내 몸은 별로 좋은 것이 아닙니다. 생각해 보십시오. 부모님과 만나기 전에 과거 무명(無明)의 업(業)입니다. 부모와 만나기 전은 하나의 혈육이라 그때는 무명의 번뇌 뭉치입니다. 번뇌 뭉치가 파장(波長)이 맞아서 어쩌다 부모와 만났단 말입니다.

중음계(中陰界)에서 헤매는 하나의 무명심(無明心)이 부모의 연(緣)을 만나서 이 세상에 왔습니다. 어머니 배 속, 참말로 그 몸속이 얼마나 더러운 것입니까? 무명의 뭉치가 파장이 맞아서 어머니 배 속에 들어가서 10개월 동안 더러운 곳에서 산다 말입니다.

우리 몸을 한번 해부한다고 생각해 보십시오. 똥, 오줌, 침, 또는 고름, 피, 얼마나 더러운 것입니까? 다만 그게 껍질로 입혔으니까 예쁘다 밉다 합니다.

냉정히 본다고 할 것 같으면 사람 몸이라고 하는 것은 부정(不淨)하지 않는 것은 아무것도 없습니다. 결국 모두가 더러운 것뿐입니다. 단 며칠만 목욕 안 해 보십시오. 냄새가 얼마나 풍기는가.

따라서 부처님 법문은 자칫하면 염세관(厭世觀) 같지만 그렇다고 염세관은 아닙니다. 아무튼 사람 몸을 정직하게 본다면 사실은 무척 더러운 것입니다.

물론 과거세(過去世)의 우리 업식(業識), 업 덩어리, 그 근본은 똑같이 불성이겠지요. 가장 근본은 불성일망정, 불성이 차근차근 헤매는 가운데서 업을 지었다는 말입니다. 그런 업이 부모 연을 만나서 태어난다는 말입니다.

어머니 배 속이 더럽고, 나서도 피, 고름, 오줌, 똥 또는 모두가 해부해 놓고 보면 더러운 것뿐입니다. 이런 것이 모여서 사람 몸이 됐습니다. 좋다고 뽐낼 것이 아무것도 없습니다. 이것을 냉정하게 사실 그대로 보는 것이 부정관입니다.

중생의 죄악은 보통 내 몸이 중요하다, 내 것이 제일이다, 이 몸이 아깝다 하는 데서 싹터 옵니다. 따라서 우선 그것을 부정하기 위해서 부정관을 합니다.

호흡과 우리 마음은 상응(相應)합니다. 마음이 거칠면 호흡도 거칠고, 호흡이 고요하면 마음도 고요합니다. 본래 주인은 마음이지만 호흡은 거기에 같이 상응합니다. 따라서 우리가 마음 다스리기는 어렵지만 호흡은 약간 해보면 되는 것인지라, 마음 다스리기 어려운 분들은 호흡으로 해서 마음을 다스려 갑니다. 호흡을 고요하게 고요하게 다스리는 게 조식법입니다.

호흡법만 가지고서 하나의 경전도 있습니다. 이와 같이 호흡법을 중요시합니다. 『혜명경(慧命經)』이라는 경전을 보면 호흡법만 주로 말씀합니다. 또 우리 스님들 가운데 호흡법만 해서 불교의 정통이 여기 있다 이렇게 말씀하시는 분도 있습니다. 그 정도로 호흡법은 중요한 것입니다. 앞서 말한 바와 같이 우리 마음 다스리기는 쉽지가 않습니다. 허나 우리 호흡은 약간만 하면 할 수가 있으니까 그것으로 해서 간단 말입니다.

비록 그렇더라도 역시 주인은 우리 마음입니다. 외도(外道)와 정도(正道)의 차이가 어디에 있는 것인가? 외도는 삿된 견해를 갖습니다. 다시 말하면 마음이 주가 아니라 모양을 주로 합니다. 바로 보면 일체는 마음이 근원인데, 마음이 주인인데, 외도는 마음을 주로 않고서 모양을 주로 하려고 합니다. 그러나 우리 불도(佛道)는 마음을 주로 합니다.

이런 말씀도 있습니다. '단좌정심(端坐淨心:身端攝心)하면 기식조화(氣息調和)라', 단정히 앉아서 바른 마음 하면 자연적으로 우리 호흡은 조화된다는 말입니다. 바로 앉고서 마음 바르게 하면 절로 호흡이 되는 것입니다. 그것이 잘 안 되니까 쉽게 하기 위해 호흡을 가미하면 좋겠지요. 허나 외도 모양으로 마음은 저만치 하고서 호흡만 주로 하려 하면 그때는 안 되는 것입니다.

현대는 복잡하고 병고도 심하고 여러 가지 부자연스러운 일들이 많은데 이런 때는 호흡을 가미하면 좋습니다. 왜냐하면 우리 생리가 보통은 조화롭게 못 돼 있고 굉장히 어긋나기도 하니 말입니다. 더러는 이상생리가 있다는 말입니다. 이때는 생리를 바로 잡음으로 해서 마음도 따라서 바로 잡는다는 것입니다. 이런 의미에서 현대와 같은 이런 때는 호흡법의 훈련이 상당히 필요한 것입니다.

어떤 사람의 음성을 들어보면 음성이 가슴 위에서 짹짹 나오는 사람이 많습니다. 이런 사람은 아랫배에 힘이 없습니다. 하체에 힘이 없으면 오랫동안 앉지도 못하는 것입니다. 또 공부를 해도 근기가 없어서 오랫동안 배겨내지를 못합니다. 오랫동안 좌선하고 바른 마음을 먹으면 아랫배에 힘이 가겠지만, 이런 힘을 보다 더 가속도로 빨리 가게 하기 위해서는 호흡법을 가미합니다. 그러면 굉장히 좋은 것입니다.

우리의 혈액순환이 완전히 조화가 되어야 하는데, 조화가 되기 위해서는 아래에 힘이 충만해야 합니다. 다시 말하면 '수승화강(水昇火降)'이라, 우리 몸에 있는 서늘한 기운은 위로 올라가고, 뜨거운 기운은 아래로 내려가야 합니다.

아무리 좌선을 많이 했다 하더라도 열기가 올라가서 눈이 뻘겋거나, 이런 데가 아파서 상기(上氣)가 된 분들은 참선을 잘못한 분입니다. 착 들어앉으면 가슴도 시원하고 눈도 머리도 시원스러워야 합니다.

그때는 꾸벅꾸벅한 혼침도 오려야 올 수가 없습니다. 마음이 상쾌하지 않으니까 분별시비가 나오는 것입니다. 마음이 개운해 보십시오. 그때는 그것이 재미있어 분별시비가 안 나오는 것입니다.

아무튼 우리 마음이, 우리 몸이 수기(水氣)가 올라가서 개운하고, 화기(火氣)가 내려가서 아래에 힘이 딱 차고, 이러면 쾌적한 기분 때문에, 경안(輕安)이라, 가벼울 경(輕), 편안할 안(安), 공부하는 분들은 외워두십시오. 자기 몸과 마음이 가뿐한 것이 경안이란 말입니다. 경안이 되어야 공부를 좀 했다는 증거라고 할 수 있습니다.

몸도 마음도 그때는 가뿐하다는 말씀입니다. 몸도 마음도 이젠 부담이 없다는 말입니다. 경안이라, 공부를 바로 하면 경안이 분명히 옵니다. 경안이 안 오면 어딘가는 공부를 잘못한 것입니다. 마치 자기 몸이 이렇게 한 터럭 위에 서 있는 것과 같은 것입니다. 몸이 아무런 부담이 없다는 것입니다. 경안 다음에는 '희락(喜樂)'이라, 경안이 온 다음은 영원의 기쁨이 오는 것입니다.

아무튼 그 호흡법을 꼭 해야 하는 것인데, 호흡법 하는 것은 상하의 조화, 음양(陰陽)의 조화, 자기 호흡에 대해서 아무런 부담을 느끼지 않는다 말입니다. 그래야만 몸도 개운하고, 마음도 개운하고 또한 동시에 공부가 진전되어 간단 말입니다.

불경에 이런 말씀이 있습니다. '인후개통(咽喉開通) 획감로미(獲甘露味)'라, 목구멍이 툭 튀어서, 획감로미(獲甘露味)라, 그때는 감로(甘露)의 맛을 맛본다는 뜻입니다. 목이 툭 튀어야 합니다. 자기 호흡이 전신(全身)을 뱅뱅 돌아서 아무 무리가 없어야 합니다.

그런 후에 드디어는 자기 호흡을 자기가 못 느껴야 합니다. 자기 호흡을 자기가 못 느끼는 정도가 되어야 자기 몸에 대해서 부담이 없단 말입니다. 어떤 경우도 내 몸 내 마음대로 할 수 있다는 자부심이 생깁니다. 사실은 그것이 어렵겠습니다만 자부심이 발동하는 것입니다.

그렇게 하기 위해서 앞서 말한 바와 같이 우리 마음 자세로서 화두(話頭)나 염불(念佛)이나 그렇게 하나의 문제를 들지만 그와 동시에 호흡법도 가미하면 좋습니다.

가미하는 방법은 어떻게 하는가? 이것은 여러 가지 기술이 필요합니다만 우선 간단하고 쉬운 방법은 깊게 숨을 쉬고, 또는 길게 쉬고, 또는 가늘고 고르게, 그것만 주의하면 그때는 절로 호흡이 잘 되어 갑니다.

한문으로는 '심장세균(深長細均)'이란 말입니다. 깊을 심(深), 호흡은 깊게, 길 장(長), 호흡을 길게 말입니다. 가늘 세(細), 호흡을 가늘게, 고를 균(均), 호흡을 고르게, 이와 같이 깊고, 길고, 가늘고, 고르게 호흡을 하면 절로 아랫배에 힘이 찹니다.

이렇게 하는 데 있어서는, 화두를 드는 분들은 화두하는, 의심하는 그것과 호흡을 맞추면 되겠지요. 염불하면 염불하는 그 음조(音調)와 호흡을 맞추면 되겠지요. 억지로 맞추려 할 때 거북하면 그때는 안 맞추면 되고 말입니다.

아무튼 공부를 오랫동안 해보면 자기한테 맞는 요령이 생깁니다. 어느 분들은 우선 말로만 하려고 합니다만 그것은 안 됩니다. 갑은 갑대로 박가는 박가대로 오랫동안 공부해보면 자기한테 맞는 방법이 생겨납니다. 맞는 방법을 공부해서 자기 스스로 얻어야 합니다. 남들은 그 사람한테 맞는 법을 말 못합니다.

우리는 그런 의미에서 아까 서두에 말한 것과 같이 지관타좌(只管打坐), 오로지 앉아라, 그러면 심신탈락(心身脫落)한다 말입니다. 몸과 마음의 오염(汚染)이 딱 빠져서 참다운 자성(自性) 기운이 차근차근 빛 나옵니다.

좌선하는 이상적(理想的)인 모양은 '정소슬로(頂巢膝蘆)'라, 이마 정(頂), 집 소(巢), 무릎 슬(膝), 갈대 로(蘆), 이마 위의 새 집이 정소(頂巢), 아래 땅에서 솟아올라 무릎을 뚫고 오르는 갈대, 이것이 슬로(膝蘆)입니다.

숲 속에서 공부할 때, 좌선할 때, 앉는 그 모습이 하도 고요해서 움직이지 않으니까 까치가 잘못 알고 머리에다 집을 짓습니다. 그런 정도로 오랫동안 참고 고요하게 앉아야 하고, 또는 아래에서 솟아오르는 갈대가 자기 허벅지를 뚫더라도 모른다는 말입니다. 그럴 정도로 좌선하라는 것입니다. 이것이 좌선의 만상이라, 이것이 이상형입니다.

석가모니 부처님께서 과거에 공부할 때는 그와 같이 했다는 것입니다. 정소슬로(頂巢膝蘆)라, 새가 머리에 집을 짓고, 갈대가 솟아올라와 무릎을 뚫는다는 말입니다.

우리는 보통 너무나 안이하게 도를 구하려고 합니다. 요샛말로 안락의자에 앉아서 도를 구하려고 합니다. 이래서는 구할 수가 없습니다.

우리는 오욕(五欲)을 어느 정도 억제해야 하기 때문에 꼭 고행(苦行)이 필요합니다. 음식 함부로 먹어서도 안 되는 것입니다. 가령 참선할 때 고기를 많이 먹어보십시오. 느끼한 언짢은 기분 때문에 좀처럼 호흡도 바로 안 되고 마음도 맑아지지 않습니다. 지방분이 많은 사람들은 참선을 잘 못합니다.

좌선할 때에는 꼭 음식을 주의해서 너무 많이 먹지 말고, 너무 배고프지 말고, 그러나 될 수 있으면 약간 배고플 정도로 먹어야만 호흡이 조화가 잘 돼서 수기(水氣)가 올라오고 화기(火氣)가 내려갑니다. 많이 먹어보십시오. 아래 기운이 위로 못 가고, 윗 기운이 아래로 못 갑니다. 그러면 숨만 헐떡거립니다. 좌선할 때 음식을 함부로 먹으면 그때는 원수입니다.

성불(成佛)의 가장 지름길이 참선이고, 참선하는 제일 좋은 모습이 좌선인데, 좌선할 때는 그와 같이 여러 가지 금지 사항이 붙습니다. 좀 더 구체적으로 말씀드리면 중국의 천태지의(天台智顗) 선사 그분이 공부하는 25방편을 말씀하신 것이 있습니다.

그 가운데서 맨 처음에 오행(五行)이라, 하나는 지계청정(持戒淸淨)이라, 계행이 바르지 않으면 좌선을 깊이 못 들어갑니다. 밖에 나가서 함부로 싸움하고 좌선이 되겠습니까? 음탕한 짓, 욕설, 술, 그런 행동을 해서는 좌선에 못 들어갑니다. 자기 마음에 꺼림이 없어야만 좌선에 들어갑니다. 따라서 먼저 계행이 앞서야 합니다.

그다음은 한거정처(閑居靜處)라, 고요한 곳에 앉아야 합니다. 물론 시중(市中) 가서 해야 하고 조용한 곳을 골라서 해야 하지만, 기왕이면 고요한 곳에서 해야 능률이 잘 오릅니다. 한거정처(閑居靜處)는 한가할 한(閑), 살 거(居), 고요할 정(靜), 곳 처(處)입니다.

그다음은 의식구족(衣食具足)이라, 옷이나 음식이 없어서도 안 되겠지요. 자기 먹을 만큼만 있어야 합니다. 마치 하나의 선방(禪房)을 꾸민다고 하더라도 선방에서 불안스러우면 참선을 하겠습니까? 그와 같이 최저 한도로 의식을 갖추어야 합니다.

그다음은 외식제연(外息諸緣:息諸緣務)이라, 밖 외(外), 쉴 식(息), 뭇 제(諸), 연 연(緣), 밖으로 모든 인연(因緣)을 피한다는 말입니다. 친구를 사귀는 것도 좋고 여러 가지 팔방미인(八方美人)도 좋습니다만 이렇게 저렇게 복잡한 연(緣)으로는 참선은 못합니다. 역시 외로워야 합니다.

니체 같은 사람도 '외로운 가운데 그대의 길을 가라'는 말을 했듯이, 위대한 사람은 보통 고독을 좋아합니다. 고독해야만 우리 마음이 깊이 심화됩니다. 특히 참선 역시 고독해야 됩니다. 사람 좋아해보십시오. 일 좋아해보십시오. 외식제연(外息諸緣)이라, 모든 인연을 피해야 한다는 뜻입니다. 그렇다고 해서 가정적인 여러 의무를 망각하는 그런 의미는 아니지만, 될 수 있는 대로 번다한 연을 피해야만 좌선에 들어갈 수 있습니다.

그다음에는 근선지식(近善知識)이라, 가까울 근(近), 선지식은 착한 스승입니다. 착한 스승, 착한 벗이 선지식입니다. 자기 길을 인도하고 공부를 점검하고 권유하고 격려하는 벗이 필요합니다. 이런 분이 선지식(善知識)이 아닙니까. 선지식이 항시 근처에 있어야 합니다.

지계청정(持戒淸淨), 한거정처(閑居靜處), 의식구족(衣食具足), 외식제연(外息諸緣), 근선지식(近善知識)이라, 이처럼 해야만 참선의 바른 길로 빨리 갈 수가 있습니다.

설사 우리가 게으름을 피우고 우리 마음이 분별시비라든가 여러 가지 혼침 때문에 견성오도(見性悟道)까지는 못 간다 하더라도, 아까 제가 말씀드린 경안(輕安)이라, 자기 몸도 마음도 부담이 없는 아주 시원스러운, 마치 하늘로 올라가버릴 것 같은 쾌적한 기분까지는 꼭 얻으시기를 간절히 바라면서 마칩니다.

나무아미타불(南無阿彌陀佛)!

청화 큰스님이 대중들과 함께 정진한 태안사 선방 모습

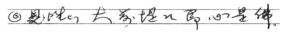

ⓓ 是心이 大菩提가 됨이 卽心是佛

★ 견성의 대전제가 즉심시불

ⓔ 念佛함으로써 얻는 5種의 殊勝한 因緣 1. 一切罪障消滅 2. 佛菩薩의 護念 3. 現身에 佛親見 4. 往生淨土 5. 究竟成佛

★ 염불함으로써 얻는 5종의 수승한 인연
   1. 일체죄장소멸   2. 불보살의 호념
   3. 현전에 불친견   4. 왕생정토
   5. 구경성불

견성의 대전제

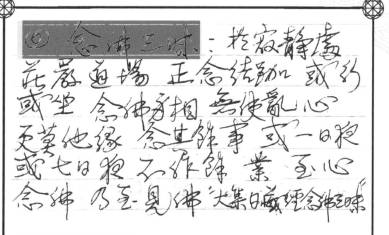

★ 염불삼매 :

어적정처 장엄도량 정념결가 혹행혹좌
염불신상 무사란심 경막타연 염기여사
혹일일야 혹칠일야 부작여업 지심념불
내지견불
                              "대집일장경염불삼매"

★ 염불삼매

고요하고 편안한 처소에서 도량을 청정히
장엄하고 잡념이 없이 가부좌하고 앉든지,
혹은 일정한 거리를 걸어다니든지 오직 부
처님만 생각하고 염불하여(모든 인연을 끊
고 다른 일은 생각하지 않고) 혹은 일주야 또
는 칠주야 동안 다른 일은 않고 지극정성으
로 염불(아미타불)만을 계속하면 바로 부처
님을 뵈올수 있느니라.   "대집경, 일장경 염불삼매"

염불삼매

1985년 8월 2일 곡성 태안사 하계용맹정진 3일째 법문

인간과 물질의 근본 문제

인류역사가 이룩된 이후에 크고 중요한 문제가 많이 있습니다. 그 가운데서 가장 중요한 문제가 몇 가지 있습니다. 이것은 우리 인류의 의지로도 해결 못한 문제들입니다.

그것이 무엇인가 하면 인간이 무엇인가 하는 그 문제, 인간성 문제라 하는 것은 우리가 지금 배우고자 하는 불교 외에는 해결 못하고 있습니다. 사람의 본성(本性)은 무엇인가? 인간은 대체로 어디서 와서 어디로 갈 것인가? 이런 문제를 불교 외에는 해결 못하고 있습니다.

우리 대상이 되는 물질세계, 그 복잡다단한 물질세계, 물질의 근본은 무엇인가? 이 문제 역시 해결 못하고 있습니다. 우리 인간성과 아울러 물질과의 관계성, 인간성과 물질은 어떠한 관계가 있는 것인가? 이것도 역시 아직 해결을 못하고 있습니다.

이런 문제를 해결하는 것은 불교뿐입니다. 비록 불법(佛法)에서 이것이 해결되어 있다 하더라도 잘못 배우면 이것을 모르고 지나갑니다. 헌데 이런 문제를 떠나서 현대인의 불안의식을 해소할 수는 없습니다.

우리가 교육자가 되어서 교육을 한다고 생각해봅시다. 인간성이 무엇인가 하는 문제를 몰라서야 참다운 교육이 되겠습니까? 바람직한 인간상, 이것을 만들어야 할 것인데, 교육자 또는 법조인도 참다운 인간 사회를 구성할 수 있는 규범을 세우려면 인간의 성능을 알아야 됩니다.

어떤 분야이든 참다운 생활, 참다운 기구, 참다운 단체, 이러한 것을 구성하려면 인간성 문제가 앞서야 되겠습니다. 인간성 문제가 모호해서는 항상 불안스러워서, 항상 의심 때문에 안심입명(安心立命)을 취할 수가 없습니다. 우리가 안심입명을 못하면 우리 행복을 바랄 수가 없습니다.

'인간성은 대체로 무엇인가' 하는 문제는 우리 인간이 미개할 때는 일반 사람들은 몰라도 무방하다 하고 성자(聖者)나 철학자나 그런 사람한테만 맡겼습니다.

허나 현대는 복잡 다기합니다. 종교도 다종교시대라 불교, 기독교, 이슬람교, 각 종교가 이렇게 착종(錯綜)해 있습니다. 또는 각 주의(主義), 사상(思想) 역시 범람해 있습니다. 그런 때는 인간 자체의 문제 해결 없이는 갈래의 가닥을 못 잡습니다. 가닥을 못 잡으면 따라서 불안스럽고, 자기 개인도 불안스럽지만 자기 가정도 불안스럽고, 인간이 구성한 사회도 불안스럽습니다.

지금 우리 사회가 혼란스러운 원인이 어디에 있습니까? 물량이 부족해서 혼란스럽습니까? 물량이 부족한 것도 아니고 인구수가 부족한 것도 아닙니다. 오직 문제는 바른 사상, 바른 견해가 없어서 그렇습니다.

가령 지금 옥신각신 싸우고 있는 여당 야당을 보십시오. 다 대학을 나오고 박사도 있고 훌륭한 분들이 많이 있습니다. 야당을 구성하는 분들이 바른 견해가 있고, 또는 여당을 구성하는 분들이 바른 견해가 있다고 하면 바른 견해끼리는 서로 싸울 수가 없습니다. 무엇인가 그분들이 바른 견해가 아니란 말입니다. 바른 견해 비슷한 것 같지만 실은 참다운 바른 견해가 아니기 때문에 서로 옥신각신합니다.

한마디로 표현하면 참다운 인간상, 인간이 어떻게 살아야 할 것인가? 어떻게 사는 것이 바람직한 인간상인가? 이것을 잘 몰라서 그러합니다. 이러한 것을 명쾌히 해결한 가르침이 부처님의 가르침입니다. 인간의 본바탕은 부처입니다.

그럼 물질은 무엇인가? 저번 시간에도 언급을 했습니다만 물질을 분석하고 분석하고 쭉 들어가 보면 결국은 물질이 안 되어버립니다. 이것은 현대물리학에서 증명하고 있습니다. 성분을 분자(分子)로 분석하고, 분자를 또 역시 원자(原子)로 분석하고, 이렇게 들어가 보면 원자는 무엇인가? 원자라는 것은 다 아시는 바와 같이 양성자(陽性子)를 중심으로 해서 전자(電子)가 빙빙 도는 것이 원자 아닙니까?

산소는 8개의 양성자와 8개의 중성자로 구성된 핵을 중심으로 8개의 전자가 돌고 있습니다. 원자핵을 중심으로 몇 개의 전자가 도는가에 따라서 각 원소의 구분이 있습니다. 그러면 원자핵을 이루는 양자는 무엇인가? 이것은 하나의 광명의 파도뿐입니다. 전자 역시 광명의 파동뿐입니다. 이것은 에너지의 그림자에 불과하지 실존(實存)이 아닙니다.

부처님 『금강경(金剛經)』 말씀에 '일체유위법(一切有爲法) 여몽환포영(如夢幻泡影)'이라, 있는 것, 우리 눈에 보이는 것, 모든 것은 다 몽환포영이라, 꿈이요, 허깨비요, 그림자요, 거품에 불과합니다. 그냥 비유로 하신 말씀이 아닙니다. 사실 우리 눈에 보이는 것은 거품이요, 그림자요, 꿈이요, 허깨비에 불과한 것에 지나지 않는 것입니다.

인간의 어두운 지혜, 탐심(貪心)이나 진심(瞋心)이나 어리석은 치심(癡心)이나, 이러한 삼독심(三毒心)에 가려져 바로 못 보는 것입니다. 바로 본 분이 부처님의 혜안(慧眼)이요, 부처님의 불안(佛眼)입니다.

물질이라 하는 것은 구경(究竟)적인 끝에 가서는 하나의 장(場)만, 알 수 없는 장만 남을 뿐입니다. 순수 에너지의 장만 남을 뿐입니다. 그러나 그것은 허무한 장이 아니라, 모든 공능(功能)을 다 갖춘 광명의 장(場)입니다. 일체 인과율(因果律)이 거기에 다 포함되어 있고, 양전하 음전하 그런 전하들이 발생할 수 있는 에너지가 충만되어 있는 장입니다. 일체 만유가 생성 소멸할 수 있는 그런 장입니다. 이런 장에서 힘의 동력(動力)을 받아서 양자(陽子)가 생기고 전자(電子)가 생깁니다.

순수한 광명의 장이 어떻게 도는가, 어떻게 진동하는가, 거기에 따라서 양자가 생기고 전자가 생깁니다. 그런 것이 이렇게 모이고 저렇게 모여서 분자가 되고 세포가 됩니다.

부처님께서는 사람 몸을 가리켜서 공취(空聚)라, 빌 공(空), 모을 취(聚), 공(空)이 모아진 것이, 텅 빈 공간성(空間性)이 모아진 것이 몸이라 말씀하셨습니다. 사실 사람의 몸은 지수화풍(地水火風) 사대(四大)라 합니다. 현대적인 원소론으로 말하면 산소, 수소, 질소, 탄소 이것들을 중심으로 하는 각 원소가 모아진 세포가 우리 몸입니다.

앞서 제가 말씀드린 바와 같이 일체 물질 근원이 원자인데, 원자 그것이 그림자처럼 별것 아닌지라, 이렇게 모이고 저렇게 모여서 세포가 이루어진 우리 몸은 무엇이겠습니까? 내 마음은 무엇이겠습니까? 금생에 배우고 느끼고 생각하고 이것이 우리 마음이 되었습니다.

이렇게만 생각할 때 인간은 참으로 허무하기 짝이 없습니다. 내 몸뚱이는 각 원소가 모여서 순간도 그치지 않고 변화무상한 하나의 세포에 불과하고, 내 마음 역시 금생에 나와서 배우고 느끼고 생각하고 이것이 모여서 마음이란 말입니다. 이렇게만 생각할 때 인간은 허무하기 짝이 없습니다.

허나 그런 마음의 본바탕, 본 근원 그것이 부처입니다. 어제 말한 것과 같이 상락아정(常樂我淨)이라, 영생(永生)하고 일체 행복을 다 갖추고 있고, 모두를 다 알 수가 있고, 할 수가 있고, 또는 청정하고, 이런 것이 불성(佛性)의 부처의 속성입니다.

이런 가르침이 불교 이외는 없습니다. 기독교의 인간관을 보십시오. 예수는 다 알았겠지만, 아무튼 기독교 교리로 사람은 무엇인가 하면, 하나님이 아담과 이브를 만들었다 말입니다. 하나님이 거기에다 생기를 불어넣었다, 이런 식으로 유도가 되는 가르침을 전개하는 인간 존재론은 현대 진화론(進化論)을 이기려야 이길 수가 없습니다. 공자님의 가르침도 훌륭하고 공자님 역시 인간의 생사를 다 알았겠지요. 그러나 이것이 체계로 나와 있는 것은 인간의 전생도 모르고 내생도 모릅니다. 사람이 대체로 어디서 왔는가? 죽어서 어디로 갈 것인가?『논어(論語)』나『맹자(孟子)』나『주역(周易)』은 제아무리 봐도 이런 가르침이 안 나옵니다.

오직 부처님의 가르침만이 인간성이 무엇인가, 내가 무엇인가, 또는 물질의 문제, 물질도 조금 전에 말한 것과 같이 지금 물리학에서는 저 끝으로 가서는 결국은 물질이 안 되어버린다 말입니다. 안 된 그것, 그 무엇, 우주가 그런 것이 다 텅 비어서 하나의 장만 남는데, 장이 우리 불교에서 말하는 소위 불성(佛性)입니다. 물질이 아닌 저 근원의 근본 순수 에너지, 이것이 불성입니다.

따라서 마음의 근원도 불성, 일체 물질의 근원도 역시 불성입니다. 똑같은 불성이거니와 마음과 물질의 관계 역시 같은 불성 하나로 귀일(歸一)됩니다. 불교에서 공부할 때에 타성일편이라, 때릴 타(打), 이룰 성(成), 한 일(一), 조각 편(片), 이것이 무엇이고 하면 우주(宇宙) 전부를 하나로 모아버린다는 말입니다.

이렇게 되어야 우리 정신이 하나로 모아져서 의심 없이 공부가 됩니다. 물질의 근원은 무엇인가? 사람이 무엇인가? 이와 같이 의단(疑團)만 품어서는 마음이 분열되어 갑니다. 타성일편(打成一片)이라, 우주를 모아서 하나로 만들어버린다 말입니다. 다시 말하면 불성 하나로, 우주를 하나로 만들어버린다 말입니다.

개가 있건 소가 있건 또는 강도가 있건 누가 있건 근본(根本), 근원(根源)은 불성뿐입니다. 천지 우주는 오직 부처뿐입니다. 다만 중생이 어두워서 그 부처를 못 볼 뿐입니다.

참선은 불도(佛道)의 바른 문

이렇게 알고서 불성(佛性)에서 한걸음도 안 나서고, 불성 그 경계에 집
중하는, 그것을 유지하는 것이 참선입니다.

같은 관세음보살(觀世音菩薩)님을 외운다 하더라도 관세음보살님은 저
만큼 내 밖에 계신다, 우리가 부르면, 기도를 모시면 관세음보살님은
우리에게 도움을 준다, 우리 고난을 구제한다, 이것은 방편적인 신앙입
니다. 이것은 참선이 못됩니다. 허나 우리 인간을 비롯해서 모든 중생
의 근원적인 생명, 모든 생명의 대명사가 관세음보살이다, 이렇게 생각
하고 닦으면 그때는 그것이 선이 됩니다.

나무아미타불(南無阿彌陀佛)이라, 아미타불 역시 아미타불은 극락세
계에 계신다, 우리가 기원 드리면 그때 우리를 구제한다, 이런 식의 신
앙은 방편적인 신앙입니다. 그러나 내 이름, 내 생명의 참 이름, 우주의
이름 이것이 아미타불이다, 이렇게 생각하고 아미타불을 부르면 바로
선이 됩니다.

따라서 참선이라 하는 것은 어제 말씀드린 것처럼 불도(佛道)의 정문(正門)입니다. 불도의 첩경(捷徑)입니다. 불도의 지름길, 불도의 정문, 이것이 참선인데, 비록 지금 내가 범부일망정 이론적으로는 우리가 부처가 되어버린단 말입니다. 부처가 먼저 되고서 그 기분으로 닦아야만 이것이 참선입니다.

부처가 저기에 있고 내가 여기에 있다 이러면 참선은 못되는 겁니다. 탐심(貪心)도 많이 있고 진심(瞋心)도 많이 있고 내 마음이 어리석어서 분별시비도 많이 하고 그렇더라도 '내 본 생명 이것은 부처다', 또는 지금 인간이 봐서 내가 범부(凡夫)인 거지 부처가 보면 역시 나도 부처다, 이 같이 부처가 되어버린 경계, 그런 자부심에서, 즉 말하자면 천상천하유아독존(天上天下唯我獨尊)이라, '천상천하에서 제일 높은 내가 부처다', 이와 같이 되고서 관음보살(觀音菩薩)이나 화두(話頭)나 주문(呪文)이나 외우면 이것이 참선입니다.

허나 '이뭣고〈是甚麼〉'를 하고 또는 '판때기이빨〈板齒生毛〉' 화두를 든다 해도 역시 내가 본래 부처인지를 모르고서 바른 정견(正見)이 없으면 그때는 참선은 못 됩니다.

우리는 인류문화, 이렇게 복잡한 문화, 이렇게 우리의 긴장을 고조시키는 문화, 이런 문화 가운데서 내 인간성을 모르면 바로 살아가지 못합니다. 불안스러워서 못 삽니다. 우선 도시에 계시는 분들, 여기에 대부분입니다마는, 도시 그야말로 고층 건물에 한 번 들어가 앉아보십시오. 얼마나 우리 인간이 왜소하느냐 말입니다. 그 복잡한 기계문명, 우리가 전기를 몰라보십시오. 얼마나 불안스러운가. 또 입법기구, 사법기구, 행정기구, 그런 기구가 얼마나 많습니까? 그런 기구에 따른 우리의 압박감, 이런 사회에서 우리가 인간성을 모르고서는 바로 살아가지 못합니다. 안심하고 못 살아갑니다.

허나 비록 그러한 것에 대해서 압박을 느낀다 하더라도 '내 인간성은 모두를 초월해 있다', 분명히 사람 마음은 초월해 있습니다. 공간 시간도 초월해 있고, 인과율(因果律)도 초월해 있습니다.

조금 전에 제가 말한 것처럼 일체 물질이 원자 아닌 것이 있습니까? 우리 인간성의 본바탕이 불성인데 불성은 그런 원자도 초월해 있습니다. 원자로 구성해 있는 순수 에너지, 이것이 인간성입니다.

남을 미워하고 남을 사랑도 하고, 그 마음의 근본 마음 이것이 불성입니다. 따라서 불성만 파악하면 그때는 모두를 초월해 있습니다. 비록 그런 불성을 증명하기 위해서는 오랫동안 수행이 필요할망정 먼저 그런 불성을 인증(認證)해야 합니다. 인정하고 불성에 안주해서 염불(念佛)도 하고, 주문도 외우고, 화두도 외우고, 그래야만 참선이 됩니다.

어제 좌선하는 실습을 설명하다가 다 못한 점을 더 곁들이겠습니다. 역시 이론적으로 제아무리 정밀하고 세밀한 체계가 선다 하더라도 실질 면에서 수행을 못하면 증명을 못합니다.

『화엄경(華嚴經)』을 보면 공부하는 과정을 3단계로 구분했습니다. 맨 처음에는 '견문생(見聞生)'이라, 볼 견(見), 들을 문(聞), 날 생(生), 우리가 법문을 들어서 영생의 성불의 세계를 안다 말입니다. 견문생이라, 아직은 수행도 못하고 귀로만 듣고 입으로만 말한 것을 듣는다 말입니다. 이것이 견문생입니다.

그 다음엔 '해행생(解行生)'이라. 풀 해(解), 행할 행(行), 자기가 공부를 해서 해석을 한다 말입니다. 그렇구나, 이렇게 하면 되겠구나, 이와 같이 납득을 합니다. 허나 납득한 것으로는 생사해탈(生死解脫)을 못합니다. 과거도 못 보고 미래도 못 봅니다. 따라서 공간성은 못 넘어섭니다. 아무리 입으로 많이 안다 하더라도 또 아무리 해석을 잘한다 하더라도 그것으로 해서는 생사를 초월하지 못합니다. 그것으로는 참다운 힘이 못 나옵니다.

그 다음엔 '증입생(證入生)'이라. 증명할 증(證), 들 입(入), 자기 체험을 통해서 그때는 스스로 느낍니다. 증입생 되어 비로소 참답게 아! 그렇구나! 이것이 옳구나! 이렇게 되어야지 환경의 여러 가지 유혹에 끌리지 않습니다. 또 애증(愛憎)이라, 사랑과 미움에 끌리지가 않습니다.

참선도 구두선(口頭禪)이라, 입으로는 별말을 다합니다. 입 구(口), 머리 두(頭), 구두선이라, 그러나 구두선으로는 해탈(解脫)을 못합니다. 그것으로는 자기 마음의 불안을 불식시키지 못합니다.

거기에서 제가 조금 전에 말한 것처럼 견문생(見聞生), 다음에 있는 해행생(解行生)이라 해석을 깊이하고, 실제 우리가 행동한다 말입니다. 그렇게 함으로써 증입생(證入生)이라, 증명해서 우리가 들어갑니다.

증입생 되어야만 생사해탈(生死解脫)이라 하는 참다운 영생의 행복을 맛보는 것입니다. 증입생 되기 위해서, 증명하기 위해서 참선하는 것입니다. 비록 우리 심리가 맑아서 아! 그렇구나! 한다 하더라도 우리 생리가 맑지 않으면 참선은 하지 못합니다.

어제 제가 음식을 주의하십시오, 고기를 먹으면 안 됩니다, 그런 말씀을 드렸습니다. 물론 고기를 먹고 참선을 지도하는 분도 계십니다만 이것은 하나의 방편에 불과한 것이지 사실 안 먹어야 합니다. 왜 그러냐 하면 개고기를 먹으면 개의 세포가 우리의 몸을 오염시킵니다. 돼지고

기를 먹으면 돼지세포가 우리 몸을 오염시킵니다. 여러분도 한 번 드시고 해보십시오. 중천(中天)에 달이 밝다 하더라도 물이 잔잔하고 맑지 않으면 비칠 수가 없듯이 우리 마음은 거울같이 맑아야 합니다.

그런데 개나 소나 돼지와 같은 고기로 오염시켜보십시오. 내 가슴에는 지금 한 오라기도 오염된 것이 없다. 이와 같이 명쾌한 마음이 되어야 도(道)는 가까이 옵니다. 부처님 계율은 그래서 있는 것입니다. 부처님의 말씀은 다 옳습니다. 우리가 섣부른 범부지(凡夫知)로 해서 옥신각신 따질 필요가 없습니다. 부처님은 과거나 현재나 미래를 다 보신 분입니다. 우리 생리나 심리를 다 보신 분입니다. 섣부른 범부지로 비판해서는 안 됩니다. 해보면은 다 옳습니다.

저번에 미국 의학지를 보았는데 거기에 보면 심장병 환자의 반 이상이 고기를 먹어서 그런다고 합니다. 조금 전에 제가 말한 것처럼 개나 소나 돼지나 그런 세포가 우리 몸에 들어와서 좋을 리가 만무합니다. 생리 면으로나 심리 면으로나 좋지가 않습니다.

참선이라 하는 성불의 첩경(捷徑), 가장 압축된 성불의 지름길, 이런 길을 가기 위해서 비장한 각오를 하신 분들이 하찮은 그런 것 때문에 방해를 받으면 되겠습니까? 음식은 주의해야 합니다. 마늘과 파나 그런 오신채(五辛菜: 부추, 파, 마늘, 흥거, 생강)도 먹지 말라는 말이 있습니다. 율본(律本)에, 계율 책에 엄격히 금지가 됩니다. 지금은 마늘과 파를 함부로 먹는 절도 있습니다.

허나 부처님 계율에는 그것을 먹으면 생담발음증애(生膽發淫增喹)이라, 낳을 생(生), 담 담(膽), 담도 생하고, 발음(發淫)이라, 발 발(發), 음탕할 음(淫), 음심이 더 발동하고, 물론 스태미나는 더 낫겠지요. 또 증애(增噎)라, 더할 증(增), 성낼 애(噎), 우리 진심(瞋心)이 더 성내는 마음이 발동한다, 이런 말씀이 있습니다.

그리고 냄새가 얼마나 징그럽습니까? 안 먹는 사람이 파, 마늘 먹는 사람 옆에 가서 맡아보면 굉장히 싫은 것입니다. 헌데 우리 주변에는 사람뿐만이 아니라 신들이 많이 있습니다. 신들은 후각이 사람들보다도 훨씬 예민합니다. 신들이 그런 냄새를 맡을 때 좋은 신은 악취 때문에 우리 주변에 올 수가 없습니다. 나쁜 신들은 좋은 향을 싫어하기 때문에 좋은 향을 피우면 무수한 신들이 향훈(香薰)을 맡고서 우리 주변에 옵니다.

부처님, 우주에 변만(遍滿)된, 우주에 충만한 부처님의 기운이나 좋은 신들은 꽃을 좋아합니다. 그러나 귀신들이나 악귀들은 꽃 냄새를 싫어합니다. 꽃을 올리는 것도 그런 심심미묘(甚深微妙)한 뜻이 있습니다. 꼭 성불해야 될, 금생에 못하면 몇 생후라도 꼭 성불해야 될 우리는 충실한 불자입니다. 따라서 앞서 말한 것처럼 부처님께서 성불하기 위해서 우리한테 제정한 계율은 지켜야 합니다.

어제 제가 참선이라 하는 것은 조신법(調身法)이라, 고를 조(調), 몸 신(身), 몸을 고르게 해야 한다는 것과 조식법(調息法)이라, 숨쉴 식(息), 호흡을 고르게 해야 한다는 것과 또 그 위에다 조심법(調心法)이라, 우리 마음을 바로 한다, 마음을 바로 하는 그 문제는 제가 서두에서 말씀드렸습니다. 우리 마음이 순간 찰나도 떠남이 없이 영원의 이미지, 영원한 영상을 지닌다 말입니다. 조금 전에 말한 것처럼 불심이라 하는 그런 영원한 영상 그것에다 마음을 안주해야만 참선입니다.

가부좌(跏趺坐), 가장 편한 모양, 또는 가장 도업(道業)을 성취하기 쉬운 모양입니다. 어제 말씀드린 것처럼 정삼각형 이것은 일체여래지인(一切如來智印)이라, 지혜 지(智), 도장 인(印) 자, 여래(如來)는 부처가 아닙니다.

부처님의 그런 무량한 지혜, 완벽한 지혜를 제일 개발하기 쉬운 모양이 법계정인(法界定印)입니다. 우주의 모양, 우주의 생명을 상징한 모양이 법계정인입니다. 따라서 이렇게 앉으면 벌써 우주를 내가 다 가슴에 안은 것과 같습니다. 이것은 우주의 모양입니다. 법계정인이라, 법계(法界)라는 것은 우주라는 뜻입니다. 정인(定印)이라 법계의 모든 기운이 거기에 딱 담겨 있는, 결국 상징적인 모양이라는 것입니다.

가부좌하는 우리 몸 자세, 좌선하는 자세 이것은 법계정인입니다. 가장 지혜가 발동하기 쉽고 또는 우주의 정력 기운을, 우주 정기(精氣)를 다 모아 놓은 이것은 하나의 상징적인 모양입니다. 따라서 모양은 부처같이! 법당에 부처님은 다 이렇게 하고 계시지요.

우리 모양은 부처님 같이, 우리말은 바른말, 남을 속상하게 하지 않고 자기 마음 편하고, 업장 무거운 사람들은 말만 하면 남 속상하게 하고 자기 마음도 괴롭습니다. 자손손타(自損損他)라, 스스로 자(自), 손해볼 손(損), 또 손해볼 손(損), 다를 타(他), 나쁜 말들은 자기 가슴 해치고 남 가슴 해칩니다. 업장(業障)만 자기 가슴에 심습니다.

부처님 말씀으로 화안애어(和顔愛語)라, 평화로운 화(和), 얼굴 안(顔), 밝은 표정, 애어(愛語)라, 사랑 애(愛), 말씀 어(語), 불자(佛子)는 마땅히 의무적으로 꼭 화안애어를 해야 합니다. 그래야만 우리 가슴이 맑아지고 남의 가슴도 광명을 줍니다.

왜정 때 살았던 분들은 아시겠지만 목포, 광주, 서울 같은 데는 본원사

(本願寺)란 절이 굉장히 많이 있었습니다. 일본에서 나온 절인데 본원사라, 근본 본(本), 원할 원(願), 본원(本願)이란 뜻은 근본서원(根本誓願)이라, 맹세할 서(誓), 원할 원(願), 무슨 근본서원인고 하면 우주가 본래 갖춘 하나의 서원입니다. 우주는 하나의 생명체이고 우주가 바로 부처님입니다. 따라서 우주도 하나의 서원이 있습니다. 우주의 목적이 있습니다. 우주의 목적의식 그것이 본원입니다.

우리는 무슨 법회 끝에나 반드시 발사홍서원(發四弘誓願)이라, 사홍서원(四弘誓願)을 부르는데 사홍서원 이것이 바로 본원입니다. 부처님의 네 가지 서원이라, 이것은 모든 중생을 다 제도해야 되겠다, 무량법문으로 배워야 되겠다, 무상불도(無上佛道)를 위없는 불도를 성취해야 되겠다, 이런 것이 부처님의 우주의 서원입니다. 이것이 본원입니다.

헌데 그런 본원을 더 부연시켜서 말한 것이 『대무량수경(大無量壽經)』의 48원입니다. 48가지로 우주의 서원, 우주의 목적을 풀이했습니다.

그런 가운데서 33번째 가서 '광촉유연원(光觸柔軟願)'이라, 광촉은 빛 광(光), 접촉할 촉(觸), 광명에 접촉해서 유연(柔軟)이라, 부드러울 유(柔), 연할 연(軟), 그래서 유연원이라 말입니다. 광촉유연원이라, 우주의 원래 원이 있다 말입니다. 부처님의 원래 원이 있습니다.

그것이 무엇인고 하면 우주의 본래 광명, 부처님의 별명(別名)은 많이 있으나 부처님의 총대명사는 '아미타불(阿彌陀佛)'입니다. 비록 부처님의 명호(名號)와 이름이 많이 있다 하더라도 총대명사는 아미타불인데 아미타불을 우리말로 풀이하면 무량광불(無量光佛)입니다. 광명이 우주에 가득 차 있는 생명이라는 뜻입니다.

마음이 불룩불룩하고 흥분하기 쉽고 거친 사람들은 그런 광명과 거리가 멉니다. 우주의 본 생명인 부처님의 생명의 광명과 거리가 멉니다. 마음이 유연하고 상냥한 사람들은 우주의 광명과 더 가깝습니다. 따라서 그 광명을 접촉한 사람들은 그때는 보살(菩薩)입니다. 남이 듣기 싫은 말, 남을 성내게 하는 말, 남을 이간질하는 말, 이런 말을 잘하는 사람들은 우주의 광명과 거리가 멉니다. 우리가 멀어서는 되겠습니까?

유연선심(柔軟善心)에서 대비심(大悲心)이 발동해서 천지우주 모두가 불쌍한 중생뿐이란 말입니다. 또 그냥 감사하고 고마움뿐이다는 말입니다. 그리고 모든 가난한 사람들이나 또는 모든 병고(病苦)에 시달린 사람들, 이런 사람들을 내가 구제해야 되겠다, 그런 문제를 다 자기 몸같이 생각합니다. 그런 마음 때문에 그때는 눈물이 주룩주룩 나오는 것입니다. 자기도 모르는 가운데 부드러운 마음 가운데서 눈물이 주룩주룩 나온다 말입니다. 그 눈물은 맑은 눈물이 되겠지요.

이것은 조금 전에 말한 것처럼 우주의 순수 에너지인 광명에 접촉한 사람들이 그럽니다. 그러기에 보살 마음은 앞서 말씀한 것처럼 화안애어(和顏愛語)라, 항시 평화스럽고 항시 중생을 연민(憐愍)하는 마음이 있다 말입니다. 중생을 연민하는 마음에서 중생이 듣기 싫은 말을 하겠습니까? 또는 동사(同事)라, 중생과 더불어서 누가 고생하면 따라서 같이 위로해준다는 것입니다. 또는 이행(利行)이라, 중생을 이익되게 항시 말해준다는 것입니다. 내가 이렇게 말하면 저 사람이 기분 나쁠 것인가? 애쓰지 않는다 하더라도 참선 많이 하고 염불 많이 하면 저절로 그리 됩니다.

참선의 근본정신 - 본래부처

광명과 차근차근 접근하면, 그래서 드디어 불성광명(佛性光明)과 하나가 되면 그때가 견성오도(見性悟道)입니다. 우리는 우주의 순수한 광명, 그 아미타불(阿彌陀佛), 또는 관세음보살(觀世音菩薩)과 하나가 되기 위해서 공부하는 것입니다.

앞서 말한 것처럼 참선이라 하는 것은 한마디로 하면 모양은 부처님 같고, 말은 부처님 같은 그런 유연스러운 말, 우리 생각은 부처 같은 생각, 이것이 우리 참선의 가장 이상형(理想型)입니다. 모양〈身〉은 부처 같은 모양, 말〈口〉은 부처 같은 말, 생각〈意〉은 부처님 생각, 이것이 참선의 가장 이상적인 모양입니다.

그럼 부처 같은 마음은 어떤 마음인가? 나와 남의 구분이 없어서 우주를 하나의 부처덩어리로 본다 말입니다. 이것만이 바로 보는 것입니다. 우리는 내가 없다, 또는 사대(四大)를 구성한 내 몸이 허망하다, 이런 말에 보통 저항을 느낍니다. 어째서 분명히 내가 있는데 왜 내가 없다는 말인가? 나와 남이 분명히 있는데 어째서 자타(自他)가 없다는 것인가? 이런 것을 도저히 잘 못 느낍니다.

지금 이 가운데에는 우리 사회의 훌륭한 지성인들이 많이 계십니다. 따라서 좀 어렵더라도 제가 말씀을 드립니다만, 『마하지관(摩訶止觀)』이라는 논장(論藏)이 있습니다. 이것은 석가모니 부처님 이후에 가장 세밀하게 불교 체계를 세우신 분인 천태지의 스님의 가르침 가운데 최고의 가르침입니다.

여기에서 우리 인간에 대한 분석을 이렇게 했다 말입니다. '무지혜고(無智慧故)'라, 지혜가 없기 때문에 없을 무(無), 지혜 지(智), 슬기로울 혜(慧), 옛 고(故), '계언유아(計言有我)'라, 헤아릴 계(計), 말씀 언(言), 있을 유(有), 나 아(我), 즉 지혜가 없기 때문에 내가 있다고 고집한다는 것입니다.

허나 '이혜관지(以慧觀之)'라, 써 이(以), 지혜 혜(慧), 볼 관(觀), 갈 지(之), 지혜로써 이 몸을 관찰해 본다고 할 때에, '두족지절(頭足支節)'이라, 머리 두(頭), 우리 머리나 발이나 우리 팔뚝이나 이런 사지(四支)를 다 검토해 본다 하더라도 '실무유아(實無有我)'라, 실다울 실(實), 없을 무(無), 있을 유(有), 나 아(我), 참다운 내가 없다는 말입니다. 이 문제는 어려운 철학적인 문제이니까 두고두고 생각을 해보십시오.

내 머리는 내 머리이지 내가 아닙니다. 내 발은 내 발이지 내가 아닙니다. 손 이것은 손이지 내가 아닙니다. 내 몸 이것은 내 몸이지 내가 아닙니다. 나는 무엇인가? 어디도 없는, 내가 없단 말입니다. 내 머리에 내가 있는 것인가? 내 몸에 내가 있는 것인가? 말입니다. 내 머리 이것은 내 머리지 나는 아닙니다. 내 발은 내 발이지 내가 아닙니다. 나는 대체 어디에 있는 것인가?

'하처유인급중생(何處有人及衆生)'이라, 어느 곳에 사람과 중생이 있는가 하면, 중생업력(衆生業力) 가위공취(假爲空聚)라, 중생의 업력으로 무명(無明)으로 해서 말입니다.

업(業)이란 것은 우리 인간의 번뇌(煩惱)와 번뇌에 따른 행동입니다. 우리 인간의 번뇌라 하는 것은 탐심(貪心), 진심(瞋心), 치심(癡心) 이런 것이 아니겠습니까. 그러한 삼독심(三毒心)에서 우리가 행위한다 말입니다. 남을 미워하면 때리기도 하고 죽이기도 하겠지요. 사랑하면 자기 걸로 만들려고 하겠지요.

탐심, 진심, 치심 이러한 것이 우리의 행위로 옮아져서 그때는 우리 업(業)이 됩니다. 중생업력(衆生業力), 중생이 업으로 해서 가위공취(假爲空聚)라, 가짜로 잠시간 공(空)을 모아서, 산소, 질소, 원자도 다 공(空)입니다. 다만 무엇인가 모르는 하나의 생명체가 빙빙 돌아서 산소가 되고 무엇이 되고 했습니다. 원래는 텅 비어 있습니다. 이런 텅 빈 업력기운(業力氣運)들이 모여서 사람의 세포가 되고 결국은 하나의 몸뚱이가 되었습니다.

'중생업력(衆生業力) 가위공취(假爲空聚)'라, 거짓 가(假), 하 위(爲), 빌 공(空), 모을 취(聚), 중생의 업력이 공을 모아서 결국은 하나의 뭉치가 되었습니다. 이것이 우리 중생의 몸입니다.

따라서 '무유재주(無有宰主) 여숙공정(如宿空亭)'이라, 저기 빈 정자에 주인이 없다 말입니다. 정자(亭子)를 세워 놓으면 그때그때 우리가 더울 때 이용도 하지만 정작 주인은 별도로 없습니다. 마치 그런 빈 정자나 빈집같이 우리 몸도 역시 참다운 주인이 없습니다. '무유재주(無有

宰主)'라, 주지하는 주인이 없는 것이 마치 '여숙공정(如宿空亭)'이라, 같을 여(如), 잘 숙(宿), 빌 공(空), 정자 정(亭), 마치 빈집에 사는 것과 같습니다. 우리 몸은 원래 주인이 없는 것인데 우리 망념(妄念)이 '나'라고 고집을 한다 말입니다.

우주의 실상(實相)을 바로 못 보는, 가상밖에 못 보는 우리 망념이 나다, 이렇게 고집을 합니다. 이것이 내 것이 아닌데 말입니다. 내 몸이 내 것이 아닌데 '나'가 어떻게 내 소유가 되겠습니까? 내 아내 내 남편 모두가 다 우리 중생이 잘못 봐서 그럽니다. 인연(因緣)은 분명히 있으니까 자기 아내가 소중하고 자기 남편이 소중하지만 사실로 봐서는 결국은 없습니다.

내 몸도 내 것이 아니거니 어느 무엇도 내 것이 될 수가 없습니다. 내 재산 내 자식도 결국은 내 것이 아닙니다. 단지 하나의 존재에 불과합니다. 그러나 인연에 따라서 가까운 인연인 것이니까 거기에다 충실을 다해야지요.

이렇게 생각할 때는 착심(着心)이 안 납니다. 헤어지면 헤어진다, 죽으면 죽는다, 이와 같이 인연생(因緣生)이라, 개시(皆是) 일체만유(一切萬有)는 인(因)과 연(緣)을 따라서 잠시간 합했을 뿐입니다.

우리가 어제 호흡을 해야 된다, 호흡은 보여야 된다고 했는데 호흡을 할 때 '내 몸이 실존(實存)한다', 내 코, 내 입, 내 밝은 눈 이런 것이 있다, 이렇게 생각하면 호흡이 맑아지지 않습니다. '내 몸이 텅 비었다', '내 몸이 이렇게 공(空) 무더기다', '내 몸이 하나의 거품 같은 세포에 불과하다', 이렇게 생각할 때 호흡은 맑아집니다.

부처님 경전 가운데서 호흡만 말한 경이 『아나바나경(阿那波那經)』입니다. 이런 경에는 자기 몸을 공관(空觀)이라, 자기 몸을 텅 비었다고 본다면 우리 몸이 털구멍마다 바람이 통한다는 것입니다. 즉 말하자면 통신호흡(通身呼吸)이라, 우리 몸 전체로 호흡한다는 것입니다. 호흡을 많이 해본 사람들은 알겠지만 자기는 숨을 안 쉬지만 이상하게 호흡은 됩니다.

그전에 저는 요가수트라를 보고 '귀로 호흡한다'는 말을 들었는데 이건 어떻게 귀로 호흡을 하는 것인가 했습니다. 그러나 오랫동안 참선을 해보면 분명히 호흡은 딱 정지(靜止)가 됐는데 신묘(神妙)한 멜로디, 신묘한 음악소리가 귀에만 들려옵니다.

헌데 호흡이 정지가 안 되고 거칠면 신묘한 소리는 귀에 울려오지 않습니다. 분명히 숨 쉬지 않는데도, 자기 맥도 없는 것도 같고, 또 코를 이렇게 해봐도 무슨 숨소리도 없고, 자기 스스로 의식해 봐도 호흡은 분명히 없는데, 귀에만 신묘한 소리가 들려옵니다.

베토벤이나 슈베르트 같은 그런 분들은 분명히 영원의 소리를 다 들은 것입니다. 그러기에 굉장히 기가 막힌, 우리 영혼을 맑게 하는 그런 명곡이 나온 것입니다. 그때야 비로소 정말 귀로 호흡하구나 하고 알아진다 말입니다.

호흡법의 요령은 호흡이 없어야 합니다. 삼매(三昧)도 처음에는 호흡이 거칠지만 나중에 깊이 들어갈수록 호흡이 차근차근 맑아집니다. 호흡이 없어서 결국은 호흡이 완전히 끊어질 단계, 호흡이 끊어져야만 번뇌도 끊어집니다. 우리 번뇌와 호흡은 그때 같이 상응합니다. 마음이 거칠어지면 호흡도 거칠어지고 호흡이 거칠어지면 마음도 거칠어집니다. 우리는 마음에서 완전히 분별 망상을 떠나기 어렵기 때문에 호흡을 해

보는 것입니다. 허나 도울 조(助), 길 도(道), 조도(助道)를 위해서 호흡을 하는 것인데, 호흡은 어제도 말씀드렸듯 심장세균(深長細均)이라, 깊고 길고 가늘고 고르게 한단 말입니다.

또 그와 동시에 약간 무리를 해야 합니다. 무리를 안 하면 호흡이 길고 깊게 안 됩니다. 어떻게 무리하느냐 하면 이렇게 척 들어앉아서, 요가스트라로 말하면 쿰박이라, 우리 한문으로 하면 유식(留息)이라, 머물 유(留), 숨쉴 식(息), 호흡을 멈추어서 호흡을 딱 가둡니다. 이렇게 숨을 오랫동안 가둡니다. 호흡을 가두면 절로 아랫배로 호흡이 쑥 들어갑니다.

요령은 표준을 말하면 들이마시는, 입식(入息)이라, 들이마시는 숨이 2초라면, 호흡을 가두는 시간은 8초, 내쉬는 시간은 4초, 이와 같이 배씩 올라갑니다. 우리가 숨을 들이 마시는 시간이 2초라고 하면, 앞서 말한 것처럼 내쉬는 시간은 4초, 숨을 가두어서 멈추는 시간은 8초, 처음에는 이와 같이 합니다.

이렇게 하면서 차근차근 가두는 시간을 늘려갑니다. 8초, 10초 이와 같이 늘려갑니다. 1시간 동안만 딱 가두어서 호흡이 정지되면 그때는 신통(神通)도 한다는 것입니다. 처음에는 가두는 시간을 너무 무리하면 배도 아프고 머리도 아프고 곤란스럽습니다. 앞서 말한 것처럼 맨 처음에는 2초, 4초, 8초 이런 비율 정도로 차근차근 늘려가야 합니다.

이렇게 하면 말한 것처럼 절로 호흡이 길고 깊고 가늘고 고르게 쉬어집니다. 그러면 거기에 따라서 우리 마음도 차근차근 고요히 맑아옵니다. 호흡은 이렇게 하시기 바랍니다.

그리고 방선(放禪)할 때에, 방선은 참선을 쉬는 것입니다. 방선할 때는 죽비(竹篦)를 딱 치면 역시 합장(合掌)을 합니다. 도량(道場)에 대해서 감사를 느끼는 것입니다. 물론 합장 안 해도 무방합니다만, 보통 영원으로 가는 길을 공부할 때 도량에 대해서 항시 감사를 느끼는 것입니다. 이와 같이 감사의 의미로 방선을 할 때는 죽비를 치면 합장을 합니다. 합장하고 그때는 가부좌(跏趺坐)를 풀고, 손도 긴장을 풀고, 몸도 흔들어서 몸의 거북한 부분을 다 풀어야 합니다.

그다음에는 요가법(yoga法)을 해야 합니다. 요가라는 것의 근본은 우주의 본체 하나가 되는 것이지만, 요가법은 3단계로 구분해서, 우리 몸의 긴장을 푸는 압감, 또 한 가지는 우리 호흡법(呼吸法), 한 가지는 우주와 하나가 되는 삼매(三昧)인데, 방선할 때 앞서 말한 것처럼 목 운동, 어깨 운동, 다리 운동, 등배 운동, 가능하면 물구나무서기 같은 것을 해서 차근차근 우리 몸을 풀어야 합니다. 그래야만 좌선(坐禪)으로 생긴 우리 몸이 거북하지 않습니다.

지금은 우리가 한 시간 하고 쉽니다만 앞으로 쉬는 시간에도 될수록 같이 돌면서 우리 몸을 푸는 행습(行習)을 하겠습니다. 원래 선방에서는 행도(行道), 포행이라 그래서 같이 10분 동안 이렇게 빙빙 도는 것입니다. 그동안 용변할 사람은 갔다 옵니다. 이렇게 돌면서 우리 몸의 거북한 점을 풀어야 합니다.

앞서 말한 것처럼 불교 이것은 인류문화에서 가장 앞선 가르침입니다. 인간이 무엇인가 하는 문제, 물질의 근원 문제, 이런 문제 해결은 오직 하나의 소중한 가르침입니다. 우리는 그러한 불도(佛道)에 입문해 있습니다.

불법(佛法)을 알기 위한 제일가는 지름길, 이것이 참선입니다. 참선하는 법은 부처 같은 모양, 말, 마음씨, 이것이 참선하는 우리의 신구의(身口意)라, 몸과 입과 뜻의 3가지 이것이 하나의 형태입니다. 이번에 공부하는 동안에 비록 증명은 다 하지 못한다 하더라도, 증입생(證入生)은 못 된다 하더라도, 조금 전에 제가 말씀드린 견문생(見聞生)이라, 보고 듣는 것, 또는 해행생(解行生)이라, 해석하고 풀이하는 것, 내가 부처임을 분명 느끼는 것, 해행생만은, 비록 내가 부처를 증명하지 못한다 하더라도 '내가 분명 부처구나' 하는 확신만은 꼭 갖도록 하시기를 바라면서 말씀 마칩니다.

나무아미타불(南無阿彌陀佛)!

무아

1985년 8월 3일 곡성 태안사 하계용맹정진 4일째 법문

선오후수(先悟後修)와 정혜쌍수(定慧雙修)

참으로 무상(無常)하기 그지없습니다. 우리가 지금 만난 것은 금생의 인연(因緣)만으로 만난 것이 아닙니다. 석가모니 부처님이 나오시기 전부터 또는 우리 천체(天體)가 텅 빈 공(空)으로 부터 성겁(成劫)이라, 하나의 천체가 이루어지기 이전부터 우리는 만났던 것입니다.

불교에 겁(劫)이란 말씀이 있습니다만, 겁 이것은 무량한 세월입니다. 우리 중생(衆生)이 수치로 해서 헤아릴 수 없는 무량한 세월, 이것이 겁입니다. 겁 겁(劫), 이것이 겁입니다. 우리는 이와 같이 무량한 겁 전에 이미 만난 것입니다.

그렇게 만났기 때문에 석가모니 부처님 회상(會上)에서 같이 공부했고, 또한 그 뒤에도 중국에서 또는 한국의 신라 원효, 의상 그 당시에도 모두 같이 공부를 했습니다. 임란 때는 같이 공부도 하고 왜군의 침입 때는 모두 의병이 되어 같이 싸우고 했습니다. 그런 인연이 우리에게 분명히 있습니다.

따라서 지금 만난 것은 지금만으로 끝나는 것이 아니라 후생(後生)에 두고두고 같이 만나야 합니다. 물론 업(業)의 경중(輕重) 따라서 그때그때 태어나는 처소(處所)는 차이가 있겠지만 다시 꼭 만나게 될 것을 저는 확신합니다.

우리는 지금 참선을 배우고 있습니다. 헌데 참선법이 어렵고 구구해서 잘못 들으면 도리어 마음의 혼란을 일으키기 쉽습니다. 몇 시간 안 남은 동안에 여기에 오신 분들은 꼭 참선에 대한 결정적인 결정신심(決定信心)이 서야 합니다.

참선 이것은 몇 번 말씀드린 것처럼 우리 불교에서 제일 수승(殊勝)한, 제일 압축된 법문(法門)일 뿐만 아니라, 인류의 모든 문화유산의 총 결론 가운데서 제일 수승한 최고도의 수행법(修行法)입니다.

따라서 현대 지성인들은 참선이 무엇인가? 선(禪)이 무엇인가? 이러한 것을 모르면 인류문화의 골수를 모른다고 할 수가 있습니다. 그만큼 참선의 문제는 중요합니다.

이 가운데는 각기 자기 인연 따라서 화두를 의심해서 참구(參究)하시는 분도 계시고, 또는 염불을 하시는 분도 계시고, 주문(呪文)을 하시는 분도 계시고, 또는 이것도 저것도 아니고 그냥 망연히 지내는 분들도 계십니다.

이런 분들이 앞서 말씀드린 것처럼 참선법을 잘못 들으면 마음에 혼란을 야기시킵니다. 따라서 제 말씀을 잘 들으시고서 꼭 참선은 이렇게 해야 한다는 결정신심을 가지셔야 합니다. 그래야 여기 오신 보람이 있습니다.

명상법(瞑想法)도 따지고 보면 선법(禪法)의 하나의 갈래입니다만 불교의 참선은 모든 명상법 가운데서 제일 수준이 높은 명상법입니다. 마인드컨트롤(Mind-control) 이것도 역시 하나의 명상법이고, 요가법도 역시 명상법입니다. 노(老), 장(莊)의 도교법도 역시 명상법입니다.

이러한 명상법이 많은 가운데 불교 선법 이것은 앉은 모양이나 호흡 모양은 같다 하더라도 마음 자세에 차이가 있습니다. 도교(道敎)의 정좌법(靜坐法)이나, 요가법 그런 것은 마음 모양이나 호흡 다스리는 법이 거의 같습니다.

다시 어려운 말로 하면 조신법(調身法)이라, 몸을 조화시키는 법, 또는 조식법(調息法)이라, 호흡을 조화하는 법. 그런 법은 요가법이나 마인드컨트롤이나 우리 참선하는 분이나 똑같습니다. 다만 다른 것은 마음 다스리는 조심법, 거기에 차이가 있습니다.

여러분들 가운데 저한테 와서 '저는 지금 관음보살(觀音菩薩)을 합니다', '저는 지금 옴마니반메훔을 합니다', '어떻게 해야 합니까?' 이렇게 묻는 사람이 있습니다. 더러는 '저는 화두가 잘 의심이 안 갑니다' 이런 분도 계십니다.

공부는 일조일석(一朝一夕)에 끝나는 것이 아닙니다. 어떤 누구든지간에 역시 오르막길이 있습니다. 올라가는 가파른 길이 있습니다. 올라서서 고비를 넘어서면 그때는 내리막길입니다만, 올라갈 때는 갑갑합니다.

아무리 총명하고 공부가 잘된 분도 역시 어떤 때는 가슴이 딱딱 막힙니다. 이러다가 내가 병신 되는 것은 아닌가 이런 생각이 들 때도 있습니다. 때로는 몸이 떨어서 참 거북할 때가 있습니다.

허나 우리는 이런 때일수록 우리 자성(自性)에 대한, 우리 불성(佛性)에 대한 확신을 가져야 합니다. 비록 내가 아직은 미혹되어서 이렇다 하더라도 내 불성 이것은 만능(萬能)하다, 만능한지라 할수록 차근차근 불성과 접근되어 갑니다. 그때는 갑갑한 기도 떨어지고 차근차근 거북한 것들이 없어집니다. 헌데 그러려면 역시 방법을 잘 알아야 합니다.

보조 국사 어록에도 있고, 각 도인들이 일구여출(一口如出)로 말씀합니다만 '선오후수(先悟後修) 정혜쌍수(定慧雙修)'라, 참선하신 분들은 꼭 이 두 가지 문구를 외워야 합니다.

선오후수(先悟後修)라, 먼저 선(先), 깨달을 오(悟), 뒤 후(後), 닦을 수(修), 정혜쌍수(定慧雙修)라, 정할 정(定), 지혜 혜(慧), 아울 쌍(雙), 닦을 수(修), 마음을 하나로 통일시키는 그런 고요한 정(定)과 영원적인 불성을 비추어 보는 혜(慧)가 어우러져 가야 합니다. 아울러 못 가면 우리 마음이나 우리 몸이 조화를 못 시키기 때문에 몸에 병이 납니다. 음양오행(陰陽五行)의 조화가 안 되기 때문에 몸이 거북한 것입니다.

우리 마음이라는 것은 원래 지금 심리학적으로 말하면 다 아시는 바와 같이 지(知)와 정(情)과 의(意)와 이러한 요소가 있지 않습니까? 이런 요소가 있는데 지혜로만 치우치고 또는 고요한 데로만 치우치고 그러면 참선이 못됩니다. 우리 심리에 맞추어서 공부하는 방법도 조화를 취해야 합니다.

그것이 소위 도인들이 말씀하신 정혜쌍수(定慧雙修)입니다. 정혜균등(定慧均等)이라, 고를 균(均), 무리 등(等), 가지런히 나아가야 합니다. 그래야 선이 턱턱 안 막히면서 우리 몸도 거북하지 않습니다.

헌데 사람 가운데는 십인십색이라, 각기 개성 따라서 차이가 있습니다. 지혜가 수승한 분도 있고, 감성이 수승한 분도 있고, 또는 의욕적으로 의지가 강한 분도 있습니다. 부처님 또는 도인들이 참선하는 법도 그때 그때 사람 따라서 말씀을 달리했습니다. 한국에서나 일본에서나 대만에서는 선의 방법이 세 갈래가 있습니다.

한 가지는 어느 문제를 턱 주면 그 문제를 우리가 의심합니다. 본래 부처거니 의심에 마음을 두고서 마음만 모아지면 그때는 부처가 되어 갑니다. 화두하는 선법 가운데는 '이것이 무엇인가? 이뭣고?', 한문투로 말하면 '시심마(是甚麼)', 중국 송나라 속어로 말하면 '시삼마', 이 이뭣고 선은 부처님의 정통법을 계계승승(繼繼承承)으로 쭉 이어 내려온 육조혜능 스님, 육조혜능 스님은 33번째 조사(祖師)입니다. 이 분이 일반대중에게 말씀했습니다.

"나한테 한 물건이 있는데, 그 물건의 밝기는 해와 달보다 더 밝고, 검기는 칠흑보다 더 검고, 하늘과 땅을 딱 받치고 있습니다. 그러한 것이 내가 말하나 내가 움직이나 항시 나한테 있습니다. 나한테 항시 있는데 미처 내가 안 보입니다. 미처 거두어 얻지 못하는 그것이 무엇인가?〈有一物 上拄天下拄地 明如日黑似漆 長在動用中 動用中收不得 且道過在甚麼處〉"

나한테 한 물건이 있는데 그것은 행주좌와(行住坐臥)에 언제나 나한테 안 떨어지고 있는 것인데, 밝기는 해와 달보다 밝고, 검기는 칠흑보다 검고 하니까 이것은 모든 광명과 어둠을 갖추고 있는 것입니다. 또는 천지를 다 받치고 있으니까 천지에 충만해 있습니다. 밝기도 한도 없고 어둠기도 한도 없고 천지에 충만한 그것이 무엇인가?

그것은 불성 아닙니까. 불성 외에는 천지에 충만하고, 밝기가 한도 끝도 없이 밝고, 또는 모든 것의 기능이 완비한 것은 없습니다. 이것은 분명 불성입니다. 즉 불성이 무엇인가? 그런 뜻입니다. 어떤 화두이든 본 뜻을 보면 다 '불성이 무엇인가?' 그것을 의심하도록 되어 있습니다.

또 한 가지는 부처님 말씀이나 조사스님들 말씀을 들어보면 모두가 부처라 했거니 바로 보면, 이렇게 번뇌가 얽힌 나도 역시 부처고, 개미나 독사나 모두가 부처거니, 천지우주는 바로 부처 덩어리거니 새삼스럽게 의심할 필요가 무엇이 있느냐? 가만있으면 절로 그때는 부처가 되겠지, 흐린 탁수(濁水)를 가만두면 앙금 가라앉고서 바닥이 보이듯이 우리도 역시 원래 부처거니 산란한 그 마음만 쉬면 이것은 부처가 되지 않겠는가? 이렇게 화두가 없이 묵묵부답으로 그냥 가만히 무념무상(無念無想)으로 앉아 있는 참선법이 묵조선(黙照禪)입니다.

묵조선(黙照禪)과 화두선(話頭禪). 이 두 가지 선의 갈래, 이것은 중국 당나라 때부터 굉장히 논쟁을 많이 해왔습니다. 거의 백중이라, 어디가 우세하고 어디가 힘이 부치는 것이 아니라, 사람 경향 따라서 지혜(智慧)로 따지기 좋아한 분들은 화두(話頭)로 의심하는 쪽이 좋았겠지요. 허나 꼭 따지면 뭐 해, 잘못 따지면 괜히 마음으로 분열만 생기고 안 되겠다, 이래서 적멸(寂滅)을 좋아하는, 고요를 좋아하는 그런 분들은 화두를 배제하고 무념무상으로 하는 묵조선법을 취했다 말입니다.

우리 한국도 조계종은 화두를 취하는 선법을 주로 많이 합니다만 원불교는 화두선을 배격합니다. 그것은 안 된다, 묵조를 해야 한다, 그 사람들은 잠자코 그냥 무념무상으로 묵조를 합니다. 아래 단전에다가 힘을 두고서 말입니다. 대만이나 일본 역시 두 파의 선이 갈려서 똑같이 있습니다.

헌데 이런 가운데 또 한 파가 있습니다. 묵조하는 분이나 화두를 드는 분이나 같이하는 선법입니다. 이것은 무엇인고 하면 염불선(念佛禪)입니다. 내가 생명인데 내 생명의 근원은 분명히 나보다 더 훌륭한 생명이겠구나, 천지우주가 모두 생명체인데 천지우주의 근본자리, 근본 순수한 그것, 그것은 아주 정말로 완전무결(完全無缺)한 생명이겠구나, 이와 같이 하나의 바싹 마른 이론이나 또는 무념무상의 멍한 그런 것보다는 차라리 우리가 하나의 생명으로 인격으로 구해야 되겠다, 내가 인격인데 내 근본 자성(自性)도 인격이겠지, 하는 것입니다.

천지우주를 본다 할 때 모두가 다 생동하고 있습니다. 따라서 천지우주의 근본체, 근본 순수한 하나의 기운 에너지는 역시 우리 생명이 아닐 수 없습니다.

생명체이니까 인격화시켜서, 인격화시킬 때는 부처 불(佛) 자를 붙입니다. 부처라는 이름을 붙입니다. 나무아미타불(南無阿彌陀佛)이나, 약사여래(藥師如來)나, 무량광불(無量光佛)이나 모두 인격화시킬 때는 부처 불(佛) 자를 붙입니다. 생명이기 때문에 말입니다. 즉 우리 신앙, 우리가 성취하는 목표, 우리 근본 생명을 인격화시켜서 아미타불(阿彌陀佛)이나 관음보살(觀音菩薩)이란 말입니다. 이와 같이 인격화시켜서 우리가 참구(參究)한다 말입니다. 우리가 구한다 말입니다.

여기서 중요한 점은 보통 염불(念佛)과 염불선(念佛禪)은 어떤 차이가 있는가? 이것을 또 알아야 합니다. 관음보살(觀音菩薩)이나 아미타불(阿彌陀佛)이 저만큼 밖에 계신다, 우리가 구하고 기도를 하면 그분들 기운이 우리를 돕는다, 이런 정도는 염불선이 못됩니다. 법당에 들어가서 여러분들이 기도할 때 자기 운수라든가 자기 행복을 구하는 것 그런 정도로 부처님의 이름을 외워서는 염불선이 못됩니다. 그것은 방편염불(方便念佛)에 불과합니다.

염불이 염불선이 되려면 부처를 자기 마음 밖에서 구하지 않고서, 내 마음의 실체(實體), 내 마음의 실상(實相)이 바로 부처다, 이와 같이 분명히 느껴야 합니다. 또는 천지우주의 실상이 바로 부처다, 이와 같이 느낌으로 해야 비로소 염불이 염불선이 됩니다.

여러분들은 지금 선(禪)을 하고 있습니다. 성불(成佛)의 가장 지름길, 성불의 정문(頂門), 성불의 첩경(捷徑), 참선이라는 것은 인간이 가야할 길 가운데서 가장 탄탄대로로 가는 것입니다.

헌데 조금 전에 말씀드린 것처럼 화두를 의심하는 그런 선법에서도 훌륭한 도인이 많이 나왔습니다. 또는 묵조하는, 잠자코 비추어 보는 거기에서도 훌륭한 도인이 많이 나왔습니다. 따라서 어디가 그르다 옳다 할 수가 없습니다. 근기에 맞으면 좋고 안 맞으면 그때는 조금 더딜 뿐입니다. 억지로 가면 성불의 법인지라 안 갈 수가 없습니다.

조주 스님한테 와서, 조주 스님은 그때 도인인지라, 어느 스님이 '조주한테 가려면 어떻게 가야 합니까?' 물었습니다. 그러니까 결국 '성불하는 길은 무엇입니까?' 그 문제와 같겠지요. 비유담이나 역설이나 그런 말들을 해서 질문을 많이 합니다만 '조주한테 가려면 어떻게 가야 하겠습니까?' 이 말은 '성불하는 길은 무엇입니까?'와 똑같은 질문입니다.

그러니까 조주 스님께서 하신 말씀이 '동문(東門), 서문(西門), 남문(南門), 북문(北門)이라', 조주한테 가는 길, 성불로 가는 길은 북문만도 아니고 남문만도 아니고 동서남북이 다 조주한테로 가는 성불의 길이라는 것입니다.

부처님이 말씀하신, 도인들이 말씀하신 그런 법문은 문문가입(門門可

入)이라, 법문마다 다 성불하는 길입니다. 범부지(凡夫智)로 해서 뭐가 옳다 그르다, 무엇이 수승하다, 이렇게 함부로 말할 수가 없습니다. 다만 근기에 맞는가 안 맞는가 그것만 따질 것입니다.

목건련(目健蓮) 존자하고 사리불(舍利弗)은 아주 절친한 친구이고, 위대한 도인 아닙니까? 부처님의 상족(上足), 가장 윗자리의 도인이 그때는 목건련과 사리불이란 말입니다. 목건련과 사리불이 먼저 가셨기 때문에 나중에 마하가섭(摩訶迦葉) 그분이 법을 정통으로 받았습니다만, 맨 처음 상족 제자는 역시 사리불과 목건련입니다.

이런 가운데도 사리불은 재주가 수승하고, 목건련은 신통이 제일이다 말입니다. 한번은 사리불이 목건련한테 놀러 갔다 말입니다. 근데 그때 목건련한테 공부하러 들어온 제자가 있었습니다. 제자가 들어와서 계행(戒行)도 바르고 열심히 공부도 했지만 공부가 잘 안 된다 말입니다. 그래서 사리불이 하도 재주가 있다고 하니까 자기 스승을 제쳐 두고 제자가 물어보았다 말입니다. '사리불 존자(尊者)이시여, 우리는 지금 입산(入山)한 지 오랜데 공부가 잘 안 됩니다' 이렇게 호소를 했단 말입니다.

사리불께서 '그러면 그대들은 어떻게 공부를 하고 있는 것인가?' 물으니까 한 사람은 '저는 부정관(不淨觀)을 공부합니다'라고 합니다. 부정관이란 것은 아니 불(不), 맑을 정(淨), 자기 몸이 부정하고 더럽고, 인간 차원에서 본다 할 때 우리 몸은 더럽기 짝이 없습니다. 이것은 우리가 누누이 다 말한 것이고 부처님 경전에도 그때그때 고구정녕으로 말씀한 것입니다. 우리 몸은 내외가 다 부정(不淨)한 것입니다. 우리 인간은 낳을 때부터 부정한 것입니다.

우리가 무지(無智)라 하는 무명(無明), 진리(眞理)에 밝지 못하는 무명, 무명이 없으면 인간으로 태어날 리가 만무합니다. 물론 보살(菩薩)로 해서 금생에 중생을 제도하기 위해 오신 분도 있습니다만, 제가 생각할 때 지금 여기에 계신 많은 분들이 중생을 제도하기 위해서 이 생에 오신 걸로 생각이 됩니다.

아무튼 보통은 무명이 없으면 인간으로 안 옵니다. 영혼이 중음(中陰) 계에서, 중음 이것은 저승이 아닙니까? 저승에서 무명 때문에 헤맨다 말입니다. 무명 때문에 헤매다가 거기에 알맞은 자기 부모를 만납니다. 부모를 만나면 그 정충에 뛰어들어서 어머니의 태(胎)에 가서 태어납니다.

따라서 무명(無明)때부터 벌써 더러운 것이고, 또는 아버지의 정충에 같이 묻어서 태로 들어가는 그것부터 더러운 것입니다. 어머님의 태안이 얼마나 더럽습니까? 낳기 전부터, 어머니의 배 속부터 또는 낳은 뒤에도 모두가 다 부정이 충만한 것이 우리 몸뚱이인 것입니다.

헌데 인간 사회의 여러 가지 죄악은 내 몸이 소중하다, 내 몸이 귀하다, 이런 데서 싹터 옵니다. 내 몸이 아무것도 아니다, 내 몸이 더럽다, 내가 못 생겼다 이럴 때는 아만심(我慢心)도 안 나고 합니다만 내 몸뚱이가 귀하다, 나라는 존재에 대해서 존귀(尊貴)하게 아는 마음, 그런 마음 때문에 사회적인 해악(害惡)이 많이 일어납니다.

우리가 공부를 부지런히 못한 것도, 음식에 착심을 갖는 것도, 이성 간에 욕심을 갖는 것도, 모두가 다 자기 몸에 대한 애착 때문에 그럽니다. 자기 몸에 대한 애착이 떠나보십시오. 무슨 음욕이 생기고 무슨 식욕이 더 증량이 되겠습니까? 따라서 욕심이 많은 사람들, 탐욕이 많은 사람들은 부정관(不淨觀)을 시킵니다. 이와 같이 한 제자는 '부정관을 공부합니다' 이렇게 말씀했습니다.

또 한 사람에게 '그대는 무슨 법을 공부하는가?' 물으니 '저는 수식관(數息觀)이라는 호흡법(呼吸法)을 합니다' 이렇게 말하니까, 사리불이 부정관을 하는 사람을 보고 '그대는 그럼 과거에 무엇을 했는가? 그대가 입산하기 전에 과거에 무슨 직업을 했는가?' 물어보니까 '저는 풀무질, 이렇게 쇠를 녹이는 풀무질을 했습니다'고 한다 말입니다. 그리고 수식관 한 사람에게 물어보니까 그 사람은 세탁하는 일을 했다고 한다 말입니다.

풀무질을 한 그 사람은 부정관을 공부했고, 세탁일을 한 사람은 수식관을 했습니다. 사리불께서 그때 말씀한 것이 '그대가 과거에 익힌 버릇과는 정반대의 공부를 했구나! 세탁하는 사람은 도리어 부정관으로 인해서 때를 씻어버리는 공부를 했으면 더 쉬울 것인데 그 반대로 했고, 또 풀무질하는 사람은 호흡을 헤아리고 호흡법을 했으면 쉬웠을 텐데 그 반대로 했구나'라고 했습니다.

이렇게 해서 세탁을 한 사람은 부정관을 시키고, 풀무질하는 사람은 수식관 호흡법을 시켰다 말입니다. 이렇게 하니까 이윽고 얼마 안 가서 도를 통해 아라한(阿羅漢)이 되었습니다.

이걸 본다 하더라도 지금 우리 가운데는 위대한 도인이 없습니다. 위대한 도인이 없다 함은 경솔한 말씀이고 별로 없습니다. 따라서 우리 근기(根機)를 제대로 볼 수 있는 사람들이 참 드물다 말입니다. 소위 말하는 깊은 삼매(三昧)에 들어서 타심통(他心通) 되어야만 우리 근기를 볼 것인데 그런 분들이 우리 주변에 별로 없습니다. 화두를 준다 하더라도 우리한테 딱 알맞은 화두를 못 줍니다. 또한 그대는 무슨 주문을 해라, 주문을 준다 해도 역시 우리에게 알맞은 주문을 못 줍니다. 주문도 가지가지 많이 있지 않습니까?

따라서 아까 목건련 같은 그런 신통제일(神通第一) 밑에 제자가 되었다 하더라도 그와 같이 과오를 범합니다. 헌데 하물며 지금 웬만한 분들이 우리한테 어떻게 딱 알맞은 공부 방식을 주겠습니까? 이런 때 가장 보편적인 방법이 무엇인가 하면 조금 전에 말씀드린 것처럼 염불선(念佛禪)입니다.

어떤 경전을 보면 염불(念佛), 염법(念法), 염승(念僧)이라, 부처를 염하고 법을 염하고 승을 염해라, 이런 말씀이 있습니다. 또는 내 자성이, 내 본 생명이 원래 부처거니, 내가 부처를 생각하는 것은 조금도 누가 되지 않고 허물이 없습니다. 화두를 들건 묵조를 하건 어떤 방법을 취했건 내가 부처임을 느끼는 것은 조금도 허물이 없습니다. 따라서 화두를 드는 분이나 묵조(黙照)를 하는 분이나 똑같이 염불선(念佛禪)을 아울러서 같이 했습니다.

여러분 가운데서 묵조를 하셔서 잘되신 분들은 그대로 밀고 나가십시오. 화두로 해서 잘 되신 분들은 그대로 밀고 나가십시오. 조금도 그때는 허물이 없습니다.

허나 잘 안 되시는 분들은 조금 더 애를 써 보시고서, 물론 여러분에게 화두를 주신 분은 다 훌륭한 스님입니다. 여러분의 근기를 보시고서 주신 것이니까 지금 안 된다 하더라도 힘을 더 애쓰고 해보십시오. 그러나 상기(上氣)가 되어서 곤란스럽거나 정 안 되는 경우는 누구나 다 보편적으로 할 수 있는 선법(禪法), 그런 염불선을 하시기 바랍니다.

○ 佛性

○此聖靈覺真心 本來
清淨圓滿, 此靈覺真心
無始已來 與虛空同壽
未會生未會滅 "傳心法要"

* 불성

* 범성령각지심 본래청정원만 차령각성 무시이래
  여허공동수 미증생 미증멸 "전심법요"

* 4불견 : 1) 어불견수 2) 인불견풍 3) 미불견성
          4) 오불견공   "원각경초"

염불선의 가치

어째서 우리가 하기 쉽고, 공덕(功德)이 많은가 하면, 어제도 제가 말씀 드렸습니다만 천지우주는 근본 서원(誓願)이 있습니다. 우주로서의 근본 목적의식이 있습니다.

마치 인력(引力)이 있고 척력(斥力)이 있듯이 우주의 인력 이것은 모든 중생을 가운데 중심으로 이끌어옵니다. 종교적으로 표현하면 모든 중생을 다 해탈(解脫)로 이끌어오는 힘이 우주에는 본래 있습니다. 모든 중생을 다 성불(成佛)시켜야 되겠다, 또는 모든 중생한테 무량한 법문을 다 알게 해야겠다, 이런 우주의 의지가 원래 있습니다. 따라서 그런 의지로 딱 믿어버린다는 것입니다. 부처님의 근본서원(根本誓願:本願)을 딱 믿어버리는 것입니다.

우리가 바다에 가서 배를 탈 때에 풍선(風船)을 타면 풍향(風向)이 좋아야만 잘 갑니다. 그래야만 바람 쪽으로 돛을 세우면 잘 가겠지요. 이와 마찬가지로 우리는 역시 부처님의 본원(本願), 부처님의 근본서원에 편승(便乘)하면 됩니다. 천지우주 인력은 이쪽 방향인데 우리가 인력을 반대해서 저쪽으로 가려고 해보십시오. 그때는 굉장한 무리가 생기지요. 부처님의 힘에는 우리들 모두를 다 해탈시키려고 애쓰는 힘이 원래 있습니다. 우리 본 성품은 부처인데 따라서 부처의 힘을 딱 믿어버리면 그때는 우리가 이미 편승한다 말입니다.

순풍에 돛단배처럼 부처님의 원력(願力) 거기에 편승하면 쉽습니다. 헌데 편승하려면 부처님 생각을 또 많이 해야 합니다. '중생염불불환억(衆生念佛佛還憶)'이라, 중생이 부처를 염하면 부처는 도리어 우리를 굽어봅니다. 부처 불(佛), 돌아올 환(還), 기억할 억(億), 우리가 부처님을 생각하면 부처님 역시 우리를 기억하고 굽어보십니다. 〈念念稱名常懺悔 人能念佛佛還憶 凡聖相知境相照 即是衆生增上緣 [般舟三昧行道往生讚]〉

부처가 아닌 우리 사람끼리도 역시 여느 사람을 애쓰고 생각하면, 집중하는 그런 염파(念波) 때문에 그 사람이 나를 굽어보는 것입니다.

하물며 부처는 만능하신 분입니다. 부처는 생명이기 때문에 부처님입니다. 부처님은 우리가 절하면 다 보시는 것이고, 우리가 부르면 들으시고, 우리가 생각하면 다 아십니다. 우리가 구하려 하면 부처님은 분명히 우리 앞에 나오실 겁니다. 부처님은 능소능대(能小能大)입니다. 더러는 작은 모습으로, 우리가 크게 구하면 우주에 가득한 모습으로, 부처란 것은 본래 상(相)이 없습니다만 이것은 무한히 가능한지라 우리가 구하는 대로 옵니다.

『능엄경(楞嚴經)』에서 '약중생심(若衆生心)', 만약 중생의 마음이 '억불염불(憶佛念佛)'이라, 부처를 기억하고 부처를 생각하면 '금생당래(今生

當來) 필정견불(必定見佛)'이라, 금생과 내세에 반드시 부처를 만난다는 말입니다.

우리는 부처를 생명으로 알아야 합니다. 만약 우리 중생이 부처를 생각하고 부처를 외운다 하면 현생이나 아니면 내생에 분명히 부처를 봅니다. 부처 그것은 일정한 모습이 아닙니다. 능소능대(能小能大)라 작을 때는 바늘구멍에 들어가는 것이고, 클 때는 천지우주를 다 감싸는 것입니다. 천지우주가 바로 부처거니 보아서(見佛) 부처하고 일치가 된다는 말입니다. 이런 방법의 또 한 가지는 본래 부처이니 의심을 왜 하느냐? 가만히 있으면 되겠지, 우리가 산란심(散亂心)만 안 내면 우리가 부처가 되어 가겠지, 이와 같은 묵조선(默照禪)입니다.

또 한 가지는 화두하는 분이나 염불하는 분이나 묵조하는 분이나 다 같이 공동으로 할 수 있는 염불선(念佛禪)입니다. 내 자성(自性)이 원래 부처이니 내 자성 이름이 아미타불(阿彌陀佛)이고 관음보살(觀音菩薩)이니까 내가 내 이름을 부르면서 하겠다, 이와 같이 생명(生命)으로 구하는 분들은 부처님의 이름을 구해서 하시면 좋습니다. 이렇게 해도 무방합니다.

헌데 이러한 데서 가장 중요한 문제는 앞서 말한 것처럼 선오후수(先悟後修)라, 선오후수가 안 되면 참선이 못됩니다.

우리 깨달음이 해탈(解脫), 우리 목적이 해탈 아닙니까? 번뇌(煩惱)에서 해탈 또는 인생고(人生苦)에서 해탈이 공부하는 목적입니다. 헌데 인생고에서 참다운 해탈은 불법의 성불(成佛) 외에는 없습니다. 불교의 목적은 해탈인데, 해탈을 구분해서 혜해탈(慧解脫)이라, 정해탈(定解脫)이라 합니다.

혜해탈 이것은 지혜 혜(慧), 풀 해(解), 혜해탈입니다. 지혜로 해탈합니다. 그다음은 선정해탈(禪定解脫)이라, 지혜로는 다 알았다 하더라도 깊은 삼매에 못 들면 그때는 생리(生理)에 배어 있는 습기 버릇을 못 버립니다. 마음으로는 다 알지만 오랫동안 참선하지 않고 염불하지 않으면 그때는 우리 몸에 배어 있는 습기(習氣). 번뇌(煩惱)의 종자(種子)는 못 떼어냅니다.

혜해탈을 해서 지혜가 밝은 분들이 내가 부처다, 천지우주는 바로 부처거니, 이와 같이 느낀다 하더라도 오랫동안 삼매(三昧)에 잠겨서 종자 번뇌의 씨앗을 못 빼면 그때는 신통(神通)도 못합니다. 따라서 과거에도 막히고 현재에도 막힙니다.

참다운 해탈은 시간과 공간을 초월해야 합니다. 과거에도 통달무애(通達無礙)하고, 미래에도 통달무애하고, 또는 인과에도 안 걸리고, 그래야만 참다운 해탈인 것입니다. 이런 해탈은 깊은 삼매에 들어서 우리 번뇌의 종자를 다 몽땅 뽑아야 합니다.

달마 스님 같은 대천재(大天才)도 9년 면벽(面壁)이라, 9년 동안 앉아서 공부했고, 석가모니 같은 분도 역시 6년 동안 고행을 했습니다. 서산, 사명당, 원효 대사, 어떤 분이든간에 아까 제가 말씀드린 선정해탈(禪定解脫), 그것을 얻기 위해서 오랫동안 공부를 많이 했습니다.

그러나 지금 사람들은 머리가 영리해서 단박에 이치를 알면 다 되어버렸다 말입니다. 그래서 도인행세한 분도 없지 않아 있습니다. 그러나 그 사람이 공부한 과거를 보면 빤한 것입니다. 하는 둥 마는 둥 이렇게 해서는 아까 말씀한 것처럼 정해탈(定解脫), 선정해탈을 못합니다. 그때는 구두선(口頭禪)이라, 말로만 하지 참다운 힘은 없습니다.

참다운 해탈은 조금 전에 말씀드린 것처럼 과거에 통달, 미래에 통달, 또는 인과(因果)에 안 걸려야 합니다. 그래야만 참다운 삼계(三界) 해탈이고 성불(成佛)입니다. 이렇게 하려면 우리가 능히 법성(法性)을 체험해야 합니다. 법성을 체험하면 그때는 인과에 안 걸리고 과거, 미래에 통달무애라, 통달해서 걸림이 없습니다.

참선한다는 것은 아까 말씀드린 것처럼 먼저 혜해탈(慧解脫)을 해야 합니다. 보통 자기를 너무나 겸허(謙虛)해서 나는 번뇌(煩惱)가 많다, 내가 범부(凡夫)다, 이렇게 겸손한 분이 있습니다만 참선을 할 때는 그래서는 안 됩니다. 범부가 봐서 범부인 거지 비록 내가 지금 욕심도 많고 진심도 많다 하더라도 부처가 보면 똑같은 부처입니다.

천지우주를 바로 산이요, 내요, 강이요, 물이요, 모두를 다 같이 똑같은 평등 무차별의 부처로 봐야 합니다. 그래야만 혜해탈(慧解脫)입니다. 이런 자세로 공부해야 이것이 참선입니다.

경(經)에 이런 말씀이 있습니다. '약기어중생상(若起於衆生相)'이라, 만약 내가 중생이라 하는 상을 낸다 하면 '동비방삼세제불(同謗三世諸佛)'이라, 삼세 부처님을 비방하는 죄입니다.

삼세 부처님의 법이라 하는 것은 청정(淸淨) 불안(佛眼)을, 부처의 안목(眼目)을 우리한테 주려고 하신 법문(法門)입니다. 즉 부처의 견해, 부처만이 바로 봅니다. 부처만이 보는 바른 정견(正見), 이것을 우리한테 주려고 한 가르침이 불교입니다. 따라서 우리가 만일 '내가 범부다' 이렇게 생각을 하면 이것이 벌써 삼세제불을 비방하는 말입니다.

상대 현실적인 존재에서는 분명히 우리는 범부(凡夫)입니다. 범부이지만 바로 보면 부처입니다. 내가 범부다, 내가 못났다, 나는 참회해야 한다, 이와 같이 자기를 비하해서 하는 공부가 일반 공부입니다. 허나 참선은 그렇지 않습니다. 참선은 내가 부처가 되어야 합니다. 그래서 참선하는 분들은 남이 보면 아만심(我慢心)도 있는 것 같이 보입니다.

어떤 경우에는 참회할 때 현실적으로 자기 범부성(凡夫性)을 반성(反省)하고서 공부를 해야 하나, 참선을 할 때에는 우리가 본래로 돌아가서 역시 앞서 말한 것처럼 부처가 보면 바로 내가 부처거니 해야 합니다. 내 몸 바로 부처의 청정법신(淸淨法身)이요, 내 마음은 바로 청정심(淸淨心)인 것입니다.

천지우주 이것은 일진법계(一眞法界)라, 천지우주가 바로 극락세계(極樂世界)다 말입니다. 이와 같이 느껴서 화두를 들든, 묵조를 하든, 염불을 하든, 그렇게 해야만 비로소 염불선(念佛禪)입니다. 이것이 선오후수(先悟後修)입니다. 먼저 알고 닦는다 말입니다.

참선하면 공덕은 별로 없고 내 마음만 좀 맑아진다, 공덕을 느끼려면 법당에 가서 부처님한테 굽신굽신 절하고 기도를 모셔야만 한다, 이렇게 느끼는 분이 있습니다. 허나 이것은 그렇지가 않습니다. 달마 스님 말씀도 '약능료심(若能了心)' 하면은 '만행구비(萬行具備)'라, 만약 우리 마음을 깨달으면 만 가지가 거기에 다 붙어 온단 말입니다. 마음을 깨달으면 만공덕(萬功德)이 거기에 다 붙어 옵니다.

따라서 실은 참선공덕(參禪功德)이 자기 집안 운수나 누구한테나 제일 좋은 일입니다. 여러분들이 '내가 부처다', '내 본래 마음이 부처다', '천지우주가 바로 부처다' 이와 같이 부처라는 생각을 딱 간직하고서 공부한다면 공부하는 그 광명(光明)이 여러분의 집안을 비추는 것입니다. 집안을 지키는 것입니다.

참선은 어느 면으로 보나 최상법(最上法)입니다. 공덕 면으로 보나 우리 마음 밝게 해주는 것은 말할 것도 없고 그것은 최상법입니다.

여기 계시는 분들은 집안의 일을 주저할 필요가 없습니다. 지금 집안에 나이 많은 노부모가 계신다 하더라도, 노부모 단둘만 계신다 하더라도, 여러분은 지금 불효하고 있지 않는 것입니다. 부모님에 대한 가장 최상의 효도는 부모님을 영생(永生)의 해탈(解脫)로 인도하는 법(法)입니다. 자식한테나 동생한테나 애인한테나 누구한테나 그 사람한테 가장 거룩한 보시는 무엇인가? 그분을 영생의 해탈로 인도하는 것입니다.

아까 제가 말한 것처럼 여러분에게 말씀드릴 기회가 별로 없습니다. 이번에 헤어지면 영원히 이런 기회가 없을지도 모릅니다. 인간 자체가 무상하지 않습니까? 아까 말씀드린 것처럼 참선의 결정신심(決定信心) 말입니다. 참선은 꼭 선오후수(先悟後修)라, 먼저 천지우주의 모두가 부처 아님이 없다는 생각, 내가 바로 부처라는 생각 말입니다. 내가 봐서, 못난 내가 봐서 범부로 보는 것이지, 부처가 보면 내가 똑같이 석가모니와 같은 부처인 것입니다. 어떤 누구나가 다 부처인 것입니다.

만해 한용운 스님의「님의 침묵」시에도 임만이 임이 아니라 바로 보면 산도, 내도, 풀도, 다 임입니다. 바로 보면 다 부처님입니다. 이와 같이 느끼고 천지우주를 하나의 부처 덩어리로 봐야 참선이라 말할 수 있는 것입니다. 그렇게 못 보면 참선이라는 말을 못 붙입니다.

이렇게 보고서 그다음 문제는 정혜쌍수(定慧雙修)라, 정(定)과 혜(慧)가 같이 아울러 가야만, 마치 수레바퀴가 둘이 되어야만 갈 수가 있고, 나는 새는 날개가 둘이 되어야 높은 하늘로 고상(高翔)하듯이 우리는 꼭 정(定)과 혜(慧)가 함께 가야 합니다. 그래야 조화롭게 공부할 수 있습니다. 그래야 빠릅니다.

묵조만 해서 가만히 있는 선, 이런 선은 고요한 정(定)은 좋아도 혜(慧)가 부족하니까 빨리 못 갑니다. 따지기만 좋아하는 그런 선은 따지면 혜(慧)는 밝아지겠지요. 허나 그런 선법은 고요한 일심(一心)이 못 되니까 역시 정(定)이 부족합니다.

우리는 비추어 보는 혜(慧)와, 오로지 마음을 모으는 정(定), 이것을 아울러야 합니다. 비추어 보는 혜와, 관조(觀照)하는 혜와 또는 마음을 하나로 모으는 고요한 그 마음이 딱 합해져야만 정혜쌍수(定慧雙修)입니다. 그래야 빨리 갑니다. 그래야 몸도 마음도 가볍습니다.

몸이 거북하다, 몸이 무겁다, 가슴이 답답하다, 이런 것은 우리 마음이 정혜쌍수가 못 되어서 그렇습니다. 정혜균등(定慧均等)이라, 정과 혜가 균등하면 몸도 가볍고 마음도 가벼운 것입니다. 그래야 분분단단 올라가서 성불(成佛)의 길로 나아간다 말입니다.

서산 대사 『선가귀감(禪家龜鑑)』 법문 가운데 이런 내용이 있습니다. '심즉연불경계'라, 마음은 부처의 경계를 연해서, '억지불망'이라, 생각할 억(億), 가질 지(持), 아닐 불(不), 잊을 망(忘), 이를 잊지 않는다 말입니다. '구즉칭명불호(口則稱名佛號)'라, 입 구(口), 곧 즉(則), 입은 곧 부처 이름을 불러서 '분명불란(分明不亂)'이라, 분명히 불러서 산란하게 하지 않는다는 말입니다.

이와 같이 부처의 경계를 잊지 않는 그 마음과 부처의 이름을 계속해서 외우는 그 마음이 딱 하나가 되어야만 우리 팔만사천 번뇌를 몰록 순간 녹인다는 것입니다.

우리가 '이뭣고' 선을 한다 하더라도 천지(天地)에 빛나는, 천지를 훤히 비추는 우리 자성(自性)을 딱 비추어 봐야 합니다. 그렇게 하면서 '이것이 무엇인고'를 해야 합니다. 그냥 의심만 해서는 마음이 지혜(智慧)도 정(定)도 맑아지지 않습니다.

'이뭣고'를 한다 하더라도 '이뭣고' 선을 제시한 육조혜능 스님의 뜻을 따라서 우리 마음이 천지를 훤히 비추는 광대무변(廣大無邊)한 마음이 되어야 합니다. 그런 가운데서 '이것이 무엇인가?'를 해야 합니다. 부처의 경계를 비추어 보는 이것이 혜(慧)입니다.

허나 부처의 경계를 범부는 못 봅니다. 다만 부처님이나 도인들 말씀 따라서 방불(彷佛)에 느낄 뿐입니다. 색즉공(色卽空)이라, 이것도 역시 부처의 경계를 방불하게 말씀한 말씀입니다. 천지우주는 텅 비어 있고, 텅 비어 있는 가운데 알 수 없는 묘유(妙有)가 있다, 이것도 역시 부처의 경계를 방불하게 말씀한 말씀입니다.

무량광불(無量光佛)이라, 천지우주는 부처님의 광명뿐이다, 이것도 역시 부처님의 경계를 방불하게 말씀한 말씀입니다. 청정광불(淸淨光佛)이라, 우주는 청정한 광명뿐이다, 이것도 역시 부처님의 경계를 방불하게 말씀한 말씀입니다. 우리는 이런 가운데서 우리 마음에 맞는 것을 골라서 부처의 경계를 떠나지 않아야 합니다.

이렇게 하다보면 우리는 원래 부처인지라, 자기도 모르는 가운데 차근차근 부처하고 간격이 좁아진다 말입니다. 이렇게 부처의 경계를 생각하는 것이 혜(慧)가 되고, 이렇게 생각하는 그 마음을 쭉 쉬지 않고 이어가는 것이 정(定)이 됩니다.

다르게 바꾸어서 말하면 천지우주를 하나의 광명(光明)이다, 하나의 부처다 생각하는 이 마음, 이것은 일상삼매(一相三昧)가 되는 것이고, 이것을 안 쉬고 쭉 이어 나가는 것은 일행삼매(一行三昧)가 됩니다. 천지우주가 부처님의 무량광명(無量光明)이 아님이 없음을 비추어보는 이것은 혜(慧)가 되고, 이런 마음을 안 쉬고 생각을 계속 이어 나가는 마음은 정(定)이 됩니다.

이것이 아우러져야만 우리 공부가 조화가 돼서 마음도 가볍고 몸도 가볍고 성불이 빠릅니다. 이것이 정혜쌍수(定慧雙修)입니다. 정혜균등(定慧均等)입니다.

말씀드리려면 한도 끝도 없습니다. 참선 이것이 굉장히 어려운 것이고 최상의 문화형태인지라, 이것의 체계를 세우려고 하면 몇 권의 책도 부족한 것입니다. 따라서 화두를 드는 법문(法門)만 한다 하더라도 『선문염송(禪門拈頌)』이라, 30권 책에다 이렇게 수록했습니다.

그렇게 해도 다한 것은 못됩니다. 이와 같이 어렵습니다만 다 일언이폐지(一言以蔽之) 하고 한마디로 두루뭉술하면 선오후수(先悟後修)라, 먼저 내가 부처임을 딱 느끼면서 닦아야 합니다. 그래야 참선이지 그렇게 못 느끼면 그때는 선이 못 되는 것입니다.

염불(念佛)을 하건, 하나님을 부르건, 주문을 하건 그것은 문제가 아닙니다. 모두가 실은 선(禪)입니다. 주문을 한다 하더라도 천지우주가 부처임을 딱 느끼고 주문하면 그건 선입니다. 하나님을 불러도 하나님이란 그것이 천지우주를 다 감싼 우리 부처님과 같으면 그때는 그것이 선입니다.

말이나 문자나 그런 것에 걸리지 말고서 오직 마음 자세, 우리 마음이 부처와 나와 더불어서 하나, 천지우주가 하나의 부처 덩어리 이렇게 느끼고 닦는 이것이 선오후수(先悟後修)입니다. 이렇게 하면서 천지우주를 하나의 부처로 느끼는 그 느낌, 그 느낌을 계속해서 이어간단 말입니다. 이것이 정(定)입니다.

정혜쌍수(定慧雙修)와 선오후수(先悟後修), 선오후수(先悟後修)와 정혜쌍수(定慧雙修), 이 말씀을 명심하시고서 이번 기회에 꼭 '참선(參禪)이 무엇인가?' 하는 참선에 대한 결정신심(決定信心)을 가지고 앞으로 부지런히 공부하시기 바랍니다.

나무아미타불(南無阿彌陀佛)!

위법망구

念佛禪 … 十方三世에 充滿한 自性佛의 智慧光明을 觀照하면서 닦는 禪을 말함.

實相念佛 … 宇宙에 充滿한 부처의 真理 곧 神秘롭고 不思議한 真如光明을 觀照하는것. 換言하면 自性佛을 비추어 보고 祭究함을 말한다. 그리고 實相이란 一切萬法의 實相을 말하므로 實相은 바로 自性佛 또는 阿彌陀佛이다. 그래서 實相念佛을 金剛念佛, 一相三昧、一行三昧, 念佛禪, 首楞嚴三昧、王三昧, 真如三昧, 華嚴三昧, 法華三昧, 實相三昧, 또는 自性禪이라고도 한다.

염불선–실상염불

- 200 -

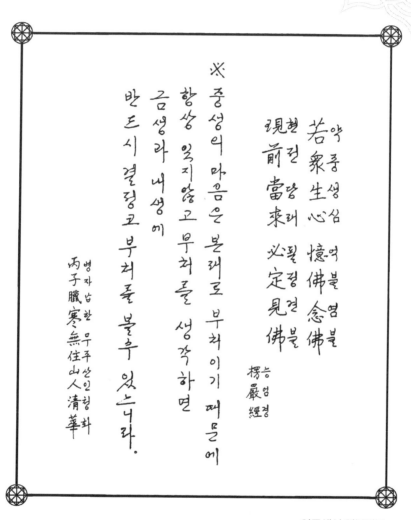

若衆生心 憶佛念佛
約중생심 억불염불

現前當來 必定見佛
현전당래 필정견불

楞嚴經
능엄경

※ 중생의 마음은 본래로 부처이기 때문에
항상 잊지않고 부처를 생각하면
금생과 내생에
반드시 결정코 부처를 볼 수 있느니라.

丙子 臘寒 無住山人 淸華
병자 납한 무주산인 청화

약중생심 억불염불

1985년 8월 4일 곡성 태안사 하계용맹정진 해제법문

선(禪)은 최고의 안락법문

새삼스럽게 말씀드릴 필요도 없이 이번 우리 용맹정진(勇猛精進)의 대명제는 참선(參禪)입니다. 즉 선(禪)입니다. 어떻게 선을 해야 할 것인가? 이 문제는 저도, 저의 말보다 더 부연 설명도 하시고 보충도 하시고 여러 가지로 체계를 세워서 말씀해 주신 거사님들도 다 선을 중심으로 해서 말씀하셨습니다.

선, 이것은 다시 말할 것도 없이 불도(佛道)의 대결론입니다. 우리가 공부를 어떻게 하든지간에 불교를 할 때에는 꼭 선을 통과해야 합니다. 선은 얼핏 생각할 때 굉장히 어렵게 느껴집니다. 제가 몇 번 말씀드렸습니다만 인류문화사의 가장 끄트머리, 인류문화의 정화(精華), 이것이 선이기 때문에, 아주 고도의 수행법(修行法)이기 때문에 참 어렵다 생각할 수도 있습니다.

선에 관한 여러 가지 문헌들이 굉장히 많습니다. 허나 선을 연구하는 사람들 자기 나름대로 말을 많이 해서, 그 문헌들이 하도 복잡해서, 요령 있게 알기가 참 어렵습니다. 허나 선 이것은 '안락법문(安樂法門)'이라, 실은 쉽다고 하면 제일 쉽습니다. 어째서 쉬운가 하면 우주의 대법칙에 따르는 몸가짐, 우주의 질서에 따르는 말, 바로 우주의지를 내 의지로 하는 것이기 때문에 쉬운 것입니다. 다시 말하면 가장 자연스러운 것입니다.

천지우주의 규범을 바로 내 모양으로 하고, 천지우주의 질서에 따르는 말을 내 말로 하고, 천지우주의 의지를 내 의지로 하는 이것이 참선입니다. 우리가 그런 천지 자연 질서에 어긋나기 때문에 복잡한 것입니다. 성자라는 것은 조금도 무리가 없습니다.

공자님 말씀에도 '내가 15세 정도 나이가 되어서 비로소 학문(學文)에 뜻을 두고'〈十五而志學〉, '30세에 입지(立志)하고', 30에 그때는 결정적으로 내가 이렇게 해야 하겠구나 하고 각오를 세웁니다.〈三十而立〉

40세에 불혹(不惑)하고, 아니 불(不), 미혹할 혹(惑), 즉 사십에는 미혹되지 않는다 말입니다. 결정신심(決定信心)이 생겨서 그때는 유혹되지 않고, 마음이 환경에 휘둘리지 않는다 말입니다.

사십에 불혹이라, 40세에는 자기 인생관(人生觀)을 완전히 확립을 시켰습니다.〈四十而不惑〉

50에 지천명(知天命)이라, 알 지(知), 하늘 천(天), 목숨 명(命), 50에는 하늘의 명령, 하늘의 질서를 안다 말입니다. 불교로 말한다면 초견성(初見性)이나 그렇게 했겠지요. 하늘의 질서를 안다 말입니다.〈五十而知天命〉

60에 이순이라, 귀 이(耳), 순할 순(順), 자기에게 들어오는 것에 대해 조금도 막힘이 없단 말입니다. 무애(無礙) 지혜(智慧)라 거리낌 없는 지

혜를 알 때, 그때가 60이다 말입니다.<六十而耳順>

70에는 종심소욕(從心所欲)하여 내 마음대로 행(行)하여도 그때는 불유거(不踰矩)라, 조금도 법도(法道)를 넘지 않는다 말입니다. 그렇게 행해도 일흔이 넘으면 우주질서를 넘지 않는다 말입니다.<七十而從心所欲不踰矩>

이와 같이 성자(聖者)란 비록 자기 사는 역사적 환경은 다르다 하더라도 마음 자세는 천지우주 질서를 따르는 것입니다. 또는 원래 업장(業障)이 가벼운 사람들은 비록 그 사람이 어느 지위에 있다 하더라도 천지 우주 질서를 따르기 위해서 애쓰는 것입니다.

여기 스님들이 계시지만 누가 억지로 중 되라고 해서 됐겠습니까? 자기 마음속으로 업장이 가볍기 때문에, 과거 전생부터 천지우주 질서를 따르는 행습 때문에 그때는 누가 말려도 할 수 없이 중이 되는 것입니다. 천군만마가 가로막아도 그렇게 안 될 수가 없습니다. 석가모니 부처님도 백만장애(百萬障碍)를 물리치고 출가입산(出家入山) 했습니다. 왕자의 지위를 그만두고, 또 자기 부왕인 정반왕이 그렇게 말렸어도 그때는 중이 됐다 말입니다. 이와 같이 천지우주의 질서를 따르는 즉 말하자면 구도심이 불타 있는 그때는 막으려야 막을 수가 없습니다.

헌데 이러한 천지우주의 질서를 가장 따르기 쉬운 방법, 바로 따르는 그 방법 그것이 바로 참선입니다. 그래서 참선을 안락법문(安樂法門)이라 합니다.

요즘 어떤 분들은 계행(戒行) 지키기가 굉장히 어렵다, 계행 지키면 갑갑하다 이런 말을 합니다. 허나 업장이 가벼운 분들은 계율(戒律) 지키기가 가장 쉬운 것입니다. 생각해보십시오. 술 먹기보다 안 먹기가 더 쉽습니다. 싸움하기보다 안 하기가 더 쉽습니다. 음탕한 짓 안 하기가 하기보다 더 쉽습니다. 가장 편하고 쉬운 행동, 이것이 계율입니다. 그런데 나쁜 버릇을 잘 못 붙인 사람들은 그것이 쉽지 않다 말입니다. 고기 먹지 마라, 평소 고기를 먹어서 맛을 들인 사람들은 그것을 참으려면 어렵겠지요. 허나 맑은 사람들은 먹으려야 먹을 수가 없습니다. 고기 한 점 들어가도 그냥 비위가 상합니다.

태초에 인간이 어떻게 나왔는가? 그것을 생각하면 음식에 대해서도 바로 알 수 있습니다. 태초에 인간이 우주가 텅 빈 허공 가운데서 형체가 생겨서, 불교 말로 하면 공겁(空劫) 가운데서 성겁(成劫)이라, 우주가 이루어진다 말입니다.

앞서 거사님들이 과학적으로 또는 철학적으로 불교를 증명도 모두 하셨습니다만 불교는 과학적인 동시에 철학이요, 철학인 동시에 종교입니다.

불교에서 말하는 과학은 비록 세밀한 변증(辨證)은 미처 안 되어 있다 하더라도 굉장히 심수오묘(深邃奧妙)한 원리를 밝히고 있습니다. 천지우주의 시초, 다시 말하자면 천지개벽(天地開闢)론, 천지창조(天地創造)론 이것도 역시 불교와 같이 심수오묘한 가르침이 없습니다.

텅 빈 허공 가운데 우주가 이루어질 때 어떻게 이루어지는가? 우주가 텅 비어버려도 파괴 안 될 정도의, 영향을 받지 않을 정도의 맑은 의식 수준의 존재가 많이 있습니다. 즉 말하자면 저 무색계(無色界)에 있는 중생, 색계(色界)에 있는 중생도 광명(光明)만을 몸으로 하는 중생, 그런 중생들은 우주가 파괴되어도 파괴되지 않는 것입니다. 그런 중생은 존재합니다.

욕계(欲界)에 있는 이와 같은 질료(質料), 물질로 몸을 한 중생들은 다 파괴되고 맙니다만 업장(業障)이 가벼워서 광명을 몸으로 한 중생들은 천지우주가 파괴되어도 그때에는 파괴의 영향을 받지 않습니다.

그런 중생들이 생각을 하면 생각하는 그것이 쌓이고 쌓여서 우주를 구성합니다. 어제 우리 거사님도 말씀하셨습니다만 우리 말 한마디, 우리 생각 하나하나가 창조하는 힘이 있습니다. 생각 한 번 딱 하면 그것이 전자(電子)로 움직이고 양자(陽子)로 움직입니다.

우리는 흔히 진묵 대사와 서산 대사를 비교해서, 서산 대사는 임진왜란 때 나와서 의병을 모집해서 국가를 위해서 싸웠으니까 이분은 훌륭하고, 진묵 스님은 한 번도 안 나오고 이 임란을 보고서 그냥 산중에 있었으니까 이분은 국가에 대한 애국심이 없다, 이와 같이 말합니다만 실은 그렇지 않습니다. 비록 세속(世俗)에는 한 번도 안 나왔다 하더라도 도인들이 산중에서 가만히 참선하고 있는 그것, 그 맑은 마음, 그 맑은 염력(念力), 그것이 우리 주변을 정화시키고 우주를 정화시키는 것입니다. 적군들의 마음을 부드럽게 만드는 것입니다.

석가모니 부처님이 마가타(摩伽陀)국으로 오시면 마가타국으로 많은 선신(善神)들이 몰려옵니다. 그리고 마가타국에 붙어 있는 악신(惡神)들은 무서워서 다 도망가버립니다. 다른 나라에 가면 다른 나라 역시 호법선신들, 좋은 신장(神將)들은 따라서 줄줄이 갑니다. 그와 동시에 그 나라에 병고(病苦)를 일으키게 만들고 하는 그런 나쁜 신들은 다른 데로 도망가고 맙니다.

마찬가지로 우리가 한 번 생각하면 그 한 번 생각하는 힘이 즉시에 바로 자기 마음뿐만 아니라 우주를 정화시키는 힘이 있습니다. 또 나쁜 생각을 하면 즉시에 자기를 오염시키고 우주를 오염시킵니다.

무색계나 색계의 좋은 데에 있는 중생들이 생각하는 그 생각 생각들이 쌓이고 쌓여서 전자를 만들고 또는 양자를 만들고 각 원자를 만들어서 천지를 구성하는 것입니다.

이런 말이 불경(佛經)에는 어떻게 표현되어 있는가 하면 중생의 공업력(共業力)으로 우주를 만들었다는 말이 있습니다. 한 가지 공(共), 업 업(業), 한두 사람이 생각하는 힘만 가지고는 우주를 구성할 수가 없습니다. 천지가 파괴되어서 인간의 눈으로 보아서는 텅텅 비어 버렸지만 순수한 에너지는 그대로 있습니다. 불성(佛性)은 그대로 충만해 있습니다. 그런 불성 기운이, 아직 몸이 파괴 안 된 중생들이 생각하는 생각, 그 생각들이 모여서 우주를 구성하는 것입니다.

그리스의 위대한 철학자 가운데 한 분인 엠페도클레스(Empedocles), 서기 500년 전에 나오신 분입니다. 이분도 역시 우리 불교와 마찬가지로 우주를 구성한 요소가 지수화풍(地水火風) 사대(四大)라고 말씀했습니다. 땅기운, 물기운, 불기운, 바람 기운 말입니다.

헌데 그러면 어떤 것이 시초의 동력이 되어서 바람 기운 만들고, 땅기운 만들고, 불기운 만들었는가? 어떻게 설명되었는가 하면 '사랑과 미움'이 땅기운, 바람 기운 등을 만들고 해서 우주를 구성했다는 말이 나옵니다.

우리가 욕구하면 욕구하는 그 마음이 천지우주의 순수 에너지인 불성을 좌(左)로 선회(旋回)를 시킵니다. 좌로 진동(振動)을 시키는 것입니다. 우리가 싫어하는 그 마음은 척력(斥力)이 되어서 그때에는 순수한 에너지를 우(右)로 진동시키는 것입니다.

우리 불성을 좌(左)로 선회시키는 것은 인력(引力)이 되어서 자기화(磁氣化)됩니다. 자력(磁力)이 되고, 또 싫어하는 마음은 순수한 에너지를 우(右)로 진동(振動)시켜서 그때에 전기(電氣)가 됩니다. 이러한 것이 이렇게 모이고 저렇게 모여서 차근차근 우주를 구성하는 것입니다.

불경의 표현으로 하면 앞서 말씀드린 대로 중생의 공업력(共業力)으로, 많은 중생의 공동(共同)의 업력(業力)으로 우주가 구성되어 있다 말입니다. 우주도 구성하는 것인데 우리의 몸 하나, 우리 주변 하나 정화시키고, 또는 나쁜 방향으로 오염시킬 수 없겠습니까?

우리가 철갑 몇 겹으로 둘러싸인 밀실에서 혼자 나쁜 생각하면, 아무도 못 보죠. 허나 천안통(天眼通)을 통한 사람들은 다 보는 것입니다. 동시에 나쁜 생각이 또 역시 우주를 바로 오염시킵니다. 자기 몸도 자기 마음도 오염시키고 말입니다.

심화(心火)가 끓으면 그냥 병이 되는 것 보십시오. 남을 굉장히 미워하면 진심(瞋心) 때문에 병 되는 것 보십시오. 욕심이 많으면 욕심 때문에 병이 됩니다. 사람들은 우리 병이 꼭 바깥에서 온다고 생각합니다. 허나 대부분의 병은 마음에서 옵니다.

분명히 자기 운명은 자기가 만듭니다. 인과(因果)는 자기가 지어서 자기가 받습니다. 지금은 현대과학이 이러한 것을 차근차근 다 증명해 나갑니다. 인간이 미처 몰라서 증명 못하는 것이지, 원래는 모두가 다 합리적으로 되어 있습니다.

참선하는 법을 말하는 가운데 너무나 말이 빗나갔습니다만, 이번에 여기서 공부하고 가시면 참선이 얼마만큼 진전되었는가? 거기까지는 못 이른다 할지라도 어디 가서든지 혼자 참선할 수가 있습니다. 참선하는 방법만은, 요령만은 아셔야 여기 오신 보람이 있습니다.

일반 공부는 여러 가지 방법도 많고 그것이 번쇄(煩瑣)합니다. 부처님 당시에 수행하는 공부를 본다고 한다면 우리 중생을 좋은 방향으로 즉 말하자면 성불로 인도할 때 말입니다.

보통은 '오정심관(五停心觀)'이라, 오정심관이란 그런 관법(觀法)으로, 관조(觀照)하는 법으로 인도(引導)했다 말입니다. 그것은 어떤 것인가 하면 부정관(不淨觀)이라, 욕심이 많은 사람은 욕심을 털어야 하는 것이니까, 욕심이 많아서 욕심에 마음이 가려지면 마음이 덮여진 사람들은 무슨 말을 못 알아듣습니다. 같은 법문도 우리가 한 철 공부할 때와 두 철 공부할 때는 우리 스스로가 납득하는 정도가 차이가 있습니다.

업장이 가벼운 사람들은 같은 법문도 척척 그냥 잘 알아듣습니다. 무거운 사람은 잘 못 알아듣습니다. 탐심으로 마음이 옹졸하게 된 사람들은 어려운 법문으로 해서는 잘 안 됩니다.

따라서 탐심을 줄이기 위해서 부정관(不淨觀)이라, 그대 몸은 다 더러운 것이다, 그대 몸안에 있는 모두는 다 악취를 풍기는 것이다, 우리 몸은 36물이라, 36물의 더러움으로 구성되어 있다. 이와 같이 우리 몸뚱이를 더럽게 생각하는 관법으로 욕심을 줄게 한다 말입니다.

또 진심(瞋心)이 많은 사람, 불뚝불뚝 성내기 쉬운 사람은 그때는 자비관(慈悲觀)이라, 자비관은 우선 자기 가까운 사람들, 아내를 사랑하고 자기 어버이를 사랑하고 하는 것이니 그의 가까운 사람들에 대해서 연민(憐愍)의 정, 불쌍한 정을 일으키게 만드는 그런 관조의 법이 있습니다. 갑자기 미운 사람 사랑할 수 없죠. 인연 가까운 사람들부터 차근차근 불쌍히 생각하는 법, 이것이 자비관입니다.

미련한 사람은 한계를 잘 모릅니다. 가령 자기 몸뚱이에 대해서 애착(愛着)을 붙이지 말라, 그렇게 말을 많이 듣지만 그래도 역시 자기 몸의 구성을 잘 모르면 애착이 붙습니다. 허나 이 몸은 각 원소가 임시적으로 모여 있다, 불교 말로 하면 인연생(因緣生)이라, 인(因)과 연(緣) 따라 우리 몸이 잠시간 모여 있다, 내가 쓰는 마음도 역시 그때그때 우리가 감수(感受)하는 것, 또는 상상(想像)하는 것, 또는 분별(分別)하는 것, 의욕(意慾)하는 것, 이것이 모여서 우리 마음이 되었습니다.

『원각경(圓覺經)』에 보면 '범부미도(凡夫迷倒)'라, 우리 범부라 하는 것은 거꾸로 봐서, 바로 못 보기 때문에 '사대위신(四大爲身)'이요, 지수화풍(地水火風) 사대의 구성요소를 내 몸이라 하고, '망상위심(妄想爲心)'이라, 결국은 이렇게 잘 못 배우고, 잘 못 듣고, 잘 못 생각하고, 이런 것이 모인 것을 내 마음이라 합니다.

우리 범부는 누구나 그렇습니다. 조금 더 많이 알고 또는 적게 알고 차이는 있다 하더라도 범부의 생각은 바로 못 보고 합니다. 따라서 우리 중생들은 그저 잠시의 업력(業力)을 중심으로 해서 각 원소가 모여 있는 하나의 업의 그림자에 불과합니다. 우리 몸은 그림자에 불과합니다. 업 주위에서 세포가 빙빙 돌고 있습니다. 그것뿐입니다. 따지고 보면 그것뿐입니다.

이와 같은 것을 생각하고 생각하다 보면 우리 몸은 아무것도 아니라고 생각합니다. 어느 때든지 인연만 분산하면 우리 몸은 소멸되고 만단 말입니다.

저 넓은 들에다 나무를 베어서 집을 짓습니다. 집을 지으면 없는 집이 생겨납니다. 그러나 연(緣)이 다해서 집을 해체해 버리면 아무것도 없죠. 그와 마찬가지로 우리가 인연이 닿아 각 원소를 모아서 이런 껍데 기를 지었을 뿐입니다. 아까 말씀드린 대로 우리의 업력의 그림자에 불과합니다.

이런 것을 가르치는 것이 '계분별관(界分別觀)'이라, 경계 계(界), 나눌 분(分), 다를 별(別), 한계를 가려서 이것은 이렇고, 우리 몸은 지수화풍(地水火風) 사대가 모여 있다, 이와 같이 각각 분석하고 종합한 가르침 이것이 계분별관입니다. 이와 같이 관조하는 법, 관찰하는 법으로 우리의 여러 가지 어리석은 무지(無智)를 없앤다 말입니다. 무지한 사람 즉 치심(癡心)이 많은 사람들, 무명(無明)으로 덮인 사람들은 분석과 종합으로 마음을 변화하게 만듭니다.

산란심(散亂心)이 많은 사람들, 분별하기 좋아하는 사람은 수식관(數息觀)이라, 호흡을 헤아리는 것입니다. 요샛말로 하면 호흡법이죠. 호흡으로 다스리는 법이 있고, 업장(業障) 많은 사람은 관불관(觀佛觀)이라 부처님의 잘생기고 원만한 상호를 관찰한다 말입니다. 임신부의 방에다 부처님의 상호(相好)를 동(東)이나 서(西)나 붙여 놓으면 거기서 태어나는 아기는 얼굴이 부처님 닮아서 나온다는 말이 있습니다.

물론 정도의 문제이겠습니다만 아무튼 부처님을 보려고 애쓰고 부처님의 원만한 상호를 생각하면 생각할수록 자기도 모르는 가운데 마음도 몸도 부처님을 닮아 갑니다. 업장중생 관불관이라, 업장 많은 중생은 그때 부처님을 관조합니다. 우리가 법당에서 불상에 대해 참배하는 것도 역시 저번에 거사님들께서 말씀하신 여러 가지 심심미묘한 뜻이 있습니다만 우선 가깝게 쉽게 알 수 있는 뜻만 본다 하더라도 자주 부처님을 보면 그때는 자기도 모르는 가운데 업장이 녹아지고 우리도 닮아져 갑니다.

이러한 다섯 가지 법(法)이 오정심관(五停心觀)이라, 다섯 오(五), 머무를 정(停), 마음 심(心), 볼 관(觀), 탐욕이 많은 마음, 성내는 마음 또는 어리석은 마음, 업장이 무거운 마음, 산란한 마음, 그런 마음을 그때는 딱 정지를 시킨다 말입니다.

이렇게 부처님께서는 그 사람한테 맞는 행법(行法)을 주시는 것입니다. 그래서 부처님 당시나 그 뒤에는 이런 오정심관 행법으로 공부를 많이 했습니다. 그렇게 해서 업장 많은 사람은 업장을 조금 누그러뜨리고, 탐심 많은 사람은 탐심도 조금 누그러뜨리고, 진심 많은 사람은 진심도 좀 누그러뜨리고서, 그다음에야 고·공·무상·무아(苦·空·無常·無我)라, '사념처관(四念處觀)'을 딱 주셨습니다.

일체(一切) 법(法)은 결국은 고(苦)요, 인생은 다 고생뿐이요, 무상(無常)하고 말입니다. 모든 법은 인연 따라서 잠시간 머물러 있을 뿐이니 무상하고, 또 허무하고 말입니다. 또 원래 나라고 할 것이 없는 무아고 말입니다. 이와 같이 어려운 법문(法門)을 주십니다.

보통 업장(業障)이 많은 사람은 인생은 다 고(苦)라, 인생은 무상(無常)하다, 인생은 허무(虛無)하다, 원래 내가 없다 이렇게 말을 해도 못 알아듣습니다. 허나 탐심이 좀 줄어지고 또 진심이 줄어지고 또는 종합과 분석과 모든 법의 분석적인 지식을 아는 사람은 그때는 참으로 무상하구나 합니다. 인연 따라서 잠시간 잠시간 합한 몸, 무량 세월 비추면 우리가 사는 60년 70년 얼마나 순간입니까?

어느 날 어느 시기에 죽음이 올지 모릅니다. 생각하면 생각할수록 우리는 무상하기 그지없습니다. 따라서 업장이 가벼운 사람들은 그냥 그런 깊은 것을 아는 것인데, 업장이 무거우면 눈앞에 보이는 물질로만 만족한다 말입니다. 그러기에 깊은 법문을 이해 못합니다.

허나 다행히도 현대는 굉장히 총명한 시대입니다. 과학의 발달로 아주 분석적인 것을 알아서 이놈의 몸뚱이, 결국 끄트머리는 원자로 되고 더 끄트머리는 결국은 비어버린다, 여기까지는 알았다 말입니다.

이런 때는 부처님 때처럼 오정심관 그런 하급적인 법문은 별로 필요가 없습니다. 따라서 맨 처음부터 가장 고급적인 중도실상(中道實相)이라, 부처님께서 말씀하신 최상법문(最上法門)을 딱 집어 넣는다 말입니다. 참선 이것은 최상법문입니다. 돌아서 안 가고 어느 한계를 안 거치고 그냥 직지인심(直指人心)이라, 바로 사람 마음 딱 짚어서 '그대 맘이 부처다. 깨달아라' 이렇게 해서 막 나가는 것입니다. 참선은 별로 순서를 거치지 않습니다.

여러분은 지금 비록 자리가 조잡하지만 부처님의 법문 가운데 최상 법문을 공부하신 것입니다.

직지인심(直指人心)이라, 곧 직(直), 가리킬 지(指), 사람 인(人), 마음 심(心), 사람 마음 딱 짚어서 견성성불(見性成佛)이라, 그 마음 그 본성(本性)을 딱 끄집어내 부처를 만든다 말입니다. 이렇게 하려니까 교외별전(敎外別傳)이라, 이런 것은 불경에도 없다, 사람 마음을 해설하는 불경이 있다 하더라도 사람 마음 그대로를 우수한 도인(道人)도 바로는 못 봅니다. 따라서 교외별전이라, 결국은 팔만사천의 교외(敎外)에 있는 것입니다. 불립문자(不立文字)라, 팔만 법문이나 제아무리 많은 법문 가지고도 이것은 문자로도 표현 못하고 말로도 표현 못합니다. 어떻게 우리 마음을 말로 표현할 것입니까.

따라서 참선 이것은 문자도 배제하고 마음 그놈 딱 집어 깨닫게 합니다. 선방에서는 실은 부처님 경전도 못 보게 합니다. 그런 소중한 경도 선방에서는 못 보게 합니다. 따라서 우리 불자님께서는 참선할 때는 이 것저것 보실 필요가 없습니다.

내 마음이 바로 부처임을, 지금 이 마음 밖에 부처가 있는 것이 아니라 이 마음의 본성, 비록 제아무리 못났다 하더라도 마음 겉은 못났다 하더라도 마음의 저변, 마음의 실상(實相), 마음의 근원 이것은 부처님입니다. 부처 가운데는 무한한 가능과 공덕이 포함되어 있습니다. 이것을 믿어야 합니다.

박사만이 성불하는 것은 아닙니다. 성불의 길은 학문은 별로 필요가 없습니다. 도리어 많이 배우면 자꾸만 따지고만 있습니다. 참선, 이 길은 오직 이 마음이 부처님을 딱 느끼고서 그 마음 가운데 무한의 공덕(功德), 무한의 행복이 있음을 느껴야 합니다.

앞에 거사님들도 말씀하셨습니다마는 자기 불성에 대해 간절히 구하는 마음이 있어야 합니다. 간절히 구하는 마음을 서산 대사는 게송(偈頌)으로 말씀하셨습니다. '병자구의(病者求醫)'지요. 병자가 의사를 구하는 것처럼 간절한 마음, '영아앙모심(嬰兒仰母心)'이라, 어린애가 어머니를 구하는 마음같이 간절한 마음, 이런 마음이 있어야 성불을 하려고 애쓰기도 하고 또는 수행을 하기도 합니다.

선(禪)을 풀이하는 말 가운데 어떤 말이 있는가 하면 '조직정(調直正)'이라, 고를 조(調), 바를 직(直), 바를 정(正) 말입니다. 우리 마음을 조화시키고 비뚤어진 우리 마음을 바르게 하는 것이 참선입니다. 또는 '현법락주(現法樂住)'라, 우리의 안락(安樂)에는 속락(俗樂)과 법락(法樂)이 있습니다. 세속에서의 재산, 명예, 이성, 식욕, 잠, 이런 것의 안락은 속락입니다. 세속이란 속(俗) 자 말입니다.

이런 것에 얽매인 한 참다운 영생(永生)의 법락(法樂)을 맛볼 수 없습니다. 이런 속가적인 오욕락 이런 것에서 멀어져 가면 갈수록 영원적인 행복은 비례해서 옵니다. 오욕이 줄어갈수록 반비례해서 영원적인 행복은 더욱더 가증되어 옵니다.

일반적인 사람들은 영원적인 행복의 맛을 못 보니까 안 믿습니다. 안 믿으니까 세상이 혼란스럽고 생활이 각박합니다.

나중에 공부를 해서 자기 마음속에 있는 무한의 기운을 다소나마 맛보면 한없이 환희심(歡喜心)에 날뜁니다. 척 들어앉아서 자기 망상(妄想)이 끊어지고 자기 호흡이 정지되는 정도가 되면 난데없는 심심미묘(甚深微妙)한 음향이 들려옵니다. 그런 묘음(妙音)이 들려오면 딴 생각은 전혀 없습니다. 자기 몸이나 자기 마음이나 아무런 부담이 없는 것입니다. 나라는 관념도 없는 것입니다. 다시 표현하면 저 영원에서 오는 맑은 물결이 자기를 꽉 감싸는 기분이란 말입니다.

이런 기분이 되어서 그림도 그리고 시도 쓰고 음악도 해야만 '참다운 입신(入神)의 묘(妙)라' 참다운 걸작이 나온다 말입니다. 우리가 생각할 때 훌륭한 문학 걸작을 낸 문호들은 대체로 이런 것을 조금씩은 다 음미(吟味)했다고 봅니다. 헤르만 헤세나 톨스토이나, 작품을 보세요. 시냇물이 흘러가듯이 맑은 표현들을 보세요.

너무 말이 빗나갑니다만 참선은 쉽다 하면 제일로 쉽습니다. 복잡한 학문도 거치지 않고 과학적인 변증(辨證)도 필요 없습니다. 다만 내 마음이 부처임을 딱 믿어버린다 말입니다.

그러기에 주리반특가(周利槃特迦), 그는 일자무식 아닙니까? 굉장히 미련한 사람이어서 무슨 법문도 못 욉니다. 부처님한테 '빗자루로 쓸어라' 한마디 말씀을 듣고서 뭘 쓸 것인가? 빗자루로 쓸어라, 그 말도 앞말을 외우면 뒷말을 잊어버립니다.

그 정도로 미련한 사람인데도 역시 '쓸어라, 쓸어라' 결국 쓴다는 것이 정말 내 번뇌를 쓸어야 하겠구나, 이와 같이 차근차근 마음이 모아지니까, 마음이 모아지면 불심으로 마음이 가까워집니다. 우리 불자님들은 잘 명심해야 합니다. 비록 미련하다 할지라도 마음만 모아지면 모아지는 힘으로 불성(佛性)에 가까워집니다.

어째서 '판데기이빨〈板齒生毛〉이라 했는고?' 이와 같이 하다 보면, 마음이 모아지면 그때는 저절로 부처한테로 접근합니다. 어떤 공부든간에 내가 본래 부처임을 믿고서 그리고 부처 가운데는 무한의 공덕이 있다 이렇게 믿고 나간다면 '똥 막대기〈乾屎橛〉'라고 하나 '하느님'이라 하나 그때는 별 상관이 없습니다.

마음만 모아지면 아까 말씀처럼 불성에 가까워집니다. 그때는 절로 통하는 것입니다. '통달보리심(通達菩提心)'이라, 모르는 법문도 안다 말입니다. 부처 가운데는 일체가 다 있으니까.

영혼 천도할 때 우리는 한문, 어려운 한문구로 말을 합니다. '불신충만어법계(佛身充滿於法界:부처님 몸이 법계에 충만하다)'라 그런 말을 안 들은 귀신한테도 합니다. 귀신이 어떻게 들을 것이며 어떻게 한문도 안 배운 귀신이 어려운 법문을 들을 것인가? 이렇게 의심을 많이 합니다.

그러나 이놈의 몸뚱이를 성인(聖人)들은 원적(怨賊)이라, 원수 원(怨), 도적 적(賊), 이 몸뚱이를, 이놈의 몸뚱이라는 껍질에 가려서 못 알아

먹습니다.

요즘 컴퓨터를 보면 대강 짐작할 수 있죠. 원래 우리 정식(淨識)은, 맑은 식은 말입니다. 다 알도록 되어 있는 것입니다. 서양 말, 무슨 말, 다 안 배웠다 하더라도 다 아는 것입니다. 그것을 아는 것인데 이놈의 몸뚱이 껍데기 때문에 딱 가리면 애쓰고 배운 것밖에 모릅니다.

귀신은 비록 업장이 별로 가벼운 것은 아니라 하더라도 몸뚱이가 미세하니까, 아주 순수한 영체(靈體)가 아니라 하더라도 영체는 영체니까 말입니다. 한문을 안 배웠어도 아는 것입니다.

우리는 우리 마음의 신비로운 것을 느껴야 합니다. 우리 마음은 다 알 수가 있고 분명이 다 할 수 있는 것입니다.

그런데 우리는 보통 부처님 법문 따라서 직접 말로 해도 잘 믿습니다. 진정으로 우리 마음은 모두를 알 수가 있고 다 할 수가 있습니다. 다만 어제도 거사님께서 말씀을 하셨지만 그놈의 노망된 의식활동 때문에, 고정관념 때문에 발랄하고 모두를 다 알 수 있는 힘이 발동을 못한다 말입니다.

그런 그릇된 생각을 놓기 위해서 '도방하(都放下)'라, 모두 도(都), 놓을 방(放), 아래 하(下), 모든 것을 다 놓아버려라, 이것저것 분별하면 분별한 만큼 우리 의식은 거기에서 활동합니다. 의식이 활동하는 한 우리 의식 저 밑에 깔려 있는 참다운 불성, 영원적인 행복과 자비와 지혜와 공덕을 갖춘 그 마음이 발휘되지 못합니다.

영원의 이미지 부처님께서 말씀하신 가장 요긴한 뜻, 그 뜻을 우리가 간직하는 것은 쉽지가 않습니다. 즉 말하자면 불심(佛心)을 간직해야만, 불심이라 하는 요긴한 뜻을 간직해야만 비로소 참선이 되는 것인데 말입니다.

앞서 말씀드린 오정심관(五停心觀)이나 그런 것은 참선이 못됩니다. 또는 여러분이 '부처님은 저만치 멀리 계시고 나는 여기 있다', 이와 같이 마음에서 안 구하고 저만치서 구하는 그런 방식도 역시 염불을 많이 한다 해도 참선은 미처 못됩니다. 물론 많이 하다 보면 삼매(三昧)가 되어서 참선이 되겠지요. 종국에 마음이 모여서 일심지(一心支)라, 하나만 되면 참선이 되겠지만 처음에는 참선이 못됩니다.

처음부터 참선이 되기 위해서는 어떻게 할 것인가? 그때는 우리 마음이 불심(佛心)에서 안 떠나야 합니다. 불심에서 안 떠나기만 하면 다 참선입니다. 염불, 참선 따로 있는 것이 아니라, 비록 우리가 관세음보살을 소리 내어서 외운다 하더라도, 우리 마음 자세가 우리 마음의 현 위치가 불심을 딱 간직하면 그때는 그것이 참선입니다.

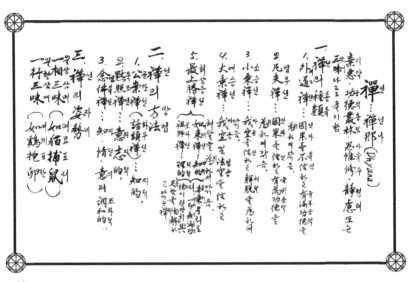

禪...禪那(Dhyana)

기악 喜樂, 功德叢林, 思惟修, 靜慮또는
三昧라고도 풀이함

一. 禪의 種類

外道禪...
凡夫禪...
小乘禪...
大乘禪...
最上乘禪...(如來禪, 祖師禪)

二. 禪의 方法

1. 公案禪(話頭禪)...知的
2. 默照禪...意志的
3. 念佛禪...情意의 調和的

三. 禪의 姿勢

一相三昧(如猫捕鼠서)
一行三昧(如鷄抱卵함)

선

- 220 -

三昧(Samadhi)

善心(正心)을 한곳에 머물게 하여 動搖하지 않음을 뜻 하며 定 또는 禪定이 라고도 한다.

禪(Dhyana)

마음을 한곳에 머물게 하여 動搖하지 않으며 定과 慧가 均等히 調和된 狀態를 뜻 하는데 思惟修, 靜慮, 棄惡, 功德叢林이라 번역 한다. 그리고 精神을 統一한다는 形式은 同一하나 觀察하는 法이나 그 目的에 있어서 큰 차이가 있으며 이를 外道禪, 凡夫禪, 小乘禪, 大乘禪, 最上乘禪의 五種으로 區分한다.

삼매와 선

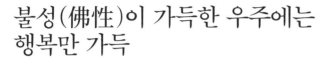

불성(佛性)이 가득한 우주에는 행복만 가득

그러면 어떻게 간직할 것인가? 이것이 문제입니다. 부처가 보이면 좋은데 어떻게 부처가 보입니까? 업장(業障)에 가려진 우리는 부처님의 경계, 불심(佛心)을 상상하기가 참 곤란합니다. 따라서 이런 때는 부처님의 진여법(眞如法)을, 진여라는 것은 참 진(眞), 같을 여(如), 부처님의 진리를 진여라고 하는데 진여 가운데는 '리언진여(離言眞如)'라, 떠날 리(離), 말씀 언(言), 말을 떠난 진리가 있고 말입니다. 또는 '의언진여(依言眞如)'라, 의지할 의(依), 말씀 언(言), 말씀에 의지한 진여가 있습니다.

부처님 법문도 방편(方便)과 진실(眞實)이 있습니다. 비록 진실한 부처님 법문, 이것이 문자를 떠난 참다운 진리의 생명은 아닙니다만 사람의 지혜에 의지해, 사람의 방편에 의지해, 문자에 의지해, 말에 의지해 있다 말입니다. 말에 의지해 있는 정도로는 방편이 아니라 부처님의 진리를 그대로 방불하게 말로 표현해 있다 말입니다. 그런 것에 의지해서 불심을 심어야 하겠습니다.

『반야심경(般若心經)』에 '조견(照見) 오온개공(五蘊皆空)하여 도일체고액(度一切苦厄)'이라, 오온이 다 비어 있음을 비추어 일체고액을 제도한다 이런 말씀이 있지요. 『반야심경』을 외우면 외운 만큼 공덕(功德)은 있습니다만 그 뜻을 새기면 훨씬 공덕이 더 많습니다. 오온이 다 비어 있음을 비춰봐야만 인생고(人生苦)를 제도합니다.

부처님 팔만사천 경전 가운데서 어떤 법문이 가장 많은가 하면 '모두가 다 공(空)이다'라며 공을 말씀하신 법문이 제일 많습니다. 『금강반야바라밀경(金剛般若波羅密經)』이라 이 경은 600부입니다. 권수야 몇천 권이죠. 공을 주로 말씀하신 경전이 바로 『금강반야바라밀경』입니다.

제법(諸法)이 공이라, 모든 법이 다 공이라, 부처님께서 제법하신 것은 우주(宇宙) 만유(萬有)를 말씀하신 것입니다. 불교에서 말하는 제법은 우주 만유를 다 지칭한 것입니다. 우주 만유가 다 공이다 말입니다.

이것은 일반 사람들이 납득하기가 어렵습니다. 그러기에 같은 공(空)도 '석공(析空)'과 '체공(體空)'으로 구분합니다. 우리 불자님은 어렵지만 이것은 불교를 공부하는 한 꼭 알아두셔야 합니다.

천지 우주가 다 비었다, 텅텅 비었다, 이렇게 말을 많이 듣지만 정말 그런가? 우리가 납득할 수 없다 말입니다. 납득할 수 있게 석공과 체공으로 구분합니다. 석공은 분석할 석(析), 빌 공(空), 석공입니다.

분자로 분석하고 원자로 분석하고 이렇게 분석하다 보면, 마치 양파껍질 같이 하나 벗기고 둘 벗기고 하다 보면 나중에는 텅 비어버리죠. 그와 마찬가지로 분석을 하다 보면 결국은 나중에는 다 비어버린다 말입니다.

전자(電子) 역시 순수한 하나의 텅 빈 에너지가 움직이는 그림자에 불과합니다. 양자(陽子) 역시 하나의 텅 빈 순수한 에너지가 움직이는 그림자에 불과합니다. 남는 것은 결국 에너지만 남습니다. 질료 아닌 에너지만 남습니다.

이와 같이 분석하고 분석해서 종국에 가면 텅 비어버린다, 이렇게 아는 것은 겨우 분석을 통해 아는 사람들의 지혜란 말입니다. 즉 다시 말하면 현대 과학도라 하는 분은 이렇게 알겠죠. 또는 형체만 많이 배우고 형체 있는 유한 상대적인 지식만 배운 사람들은 주로 이와 같이 분석하는 석공, 분석하는 공을 이해할 수밖에 없습니다.

체공(體空)은 무엇인가? 몸 체(體), 빌 공(空), 체공 말입니다. 당체(當體)가 즉공(卽空)이라, 나무가 있으면 바로 나무가 공이다, 사람이 있으면 사람 당체가 그대로 바로 공이다, 이것은 우리가 이해할 수 있습니까? 잘 못합니다. 이렇게 소중한 내가 어째서 공이냐 말입니다. 내가 살기 위해서는 남을 죽여야 하는 소중한 내가 어째서 공이야? 이렇게 우리는 항변합니다만 실은 내 몸 이대로 공인 것입니다.

훌륭한 수행자와 업장이 가볍고 공부를 많이 한 성문(聲聞)이나 보살(菩薩)이나 성자(聖者)들은 모두가 다 이대로 공인 줄을 느낍니다. 불안(佛眼) 청정한 부처님의 안목으로 보면 다 텅 비어 있습니다.

어느 사람이 밉다 하면은 자기 아버지나 어머니는 밉게 안 볼 것입니다. 우리는 모두가 주관 따라서 중생의 업력 따라서 업력에 가려진 안경으로 보니까 이렇게 저렇게 보이는 것입니다.

원자나 원소나 그것도 역시 사람의 경계로 봐서 그렇게 보이는 것입니다. 상주 부동한, 언제나 그대로 있는 원자가 따로 있고 원소가 따로 있지 않습니다. 사람의 지혜로 그와 같은 규정을 내세웠을 뿐입니다. 하나의 순환하는, 하나의 진동하는 무엇인가에 대해 우리가 규정을 세워서 거기에 이름을 붙였을 뿐입니다. 일체 만유를 구성한 원자가 벌써 비어 있고 말입니다. 그 원자를 구성한 양성자와 그 주위를 돌고 있는 전자가 분명히 비어 있는데 우리는 그렇게 안 보인다 말입니다.

불을 붙인 횃불을 빙빙 돌리면 불 바퀴로 보입니다. 사실은 이것을 돌려도 불 바퀴는 아닌데 돌리면 불 바퀴로 보인단 말입니다. 마찬가지로 중생의 시력(視力)은 파장이 어느 정도까지밖에는 보지 못합니다. 지금 물리학에서는 400~700mm까지밖에는 못 보는 것입니다. 파장이 너무 길어도 못 보고 너무 짧아도 못 보는 것입니다.

라디오 파장이 분명히 있으나 보입니까? X-레이 파장이 보입니까? 우리 중생의 시계는 한정되어 있습니다. 중생의 의식 역시 모두를 아는 데 한정되어 있습니다. 한정된 것으로 보니까 내 몸이, 내 코가 예쁘고 내 입이 예쁘다 그럽니다. 전자현미경 쓰고 보면 제아무리 미인도 숭숭 뚫려 보이는 것입니다. 더 미세한 중성미자(中性微子)나 또는 질량도 전하도 없는 것으로 본다고 그러면 우주는 텅 비어 보이는 것입니다.

부처님의 청정 안목으로 바로 보면 천지우주는 불성(佛性)의 광명(光明)으로 보는 것입니다. 그러나 우리 중생의 눈으로 보면 이와 같이 보이는 것입니다. 이와 같이 보이는 것은 다 비어버리고서 있는 것은 다만 찬란한 광명만 보이는 것입니다. 다만 공이 아니라 부처님의 무량광명(無量光明), 무량광명만 우주에 충만해서 찬란한 광명만 행복에 충만하게 보이는 것입니다.

그러기에 아미타불(阿彌陀佛)이 무엇인가? 아미타불을 풀이하면 우리

말로 무량광불(無量光佛)이라, 또는 비로자나불(毘盧遮那佛)이 무엇인가? 풀이하면 광명변조(光明遍照)라, 광명이 우주에 두루해 있다, 이것이 비로자나불입니다. 또는 관세음보살(觀世音菩薩)이 무엇인가? 이것은 광세음보살(光世音菩薩)이라, 우주에 충만한 광명을 활용할 때에 모든 중생을 다 가운데로 이끌어 올 때에 그렇게 이끄는 자비(慈悲), 이것이 관세음보살입니다.

비록 지금 안 보인다 하더라도 부처님의 이미지, 부처님의 영상(映像)을 딱 두어야 참선입니다. 그러지 않고서 그냥 건성으로 이것 의심하고 저것 의심하면, 그런 식은 참선이 못됩니다.

비록 내가 범부(凡夫)라 하더라도 천지우주가 분명히 다 평등무차별(平等無差別)의 차별 없는 부처구나, 영생(永生)하고 또 안락(安樂)하고, 또는 행복이 충만하고, 또는 모두를 할 수 있고, 알 수 있고, 이러한 부처구나, 이와 같이 딱 느껴야 이것이 부처의 이미지요 영상입니다. 이렇게 부처의 영상을 지녀야 참선입니다.

관음보살(觀音菩薩)을 부르나 지장보살(地藏菩薩)을 부르나 그것은 문제가 되지 않습니다. 어떻게 부르든지간에 불성 이미지, 그 이미지를 딱 심고서 그 이미지를 떠나지 않아야 합니다. 허나 중생은 업장(業障)이 무거워서 그냥 이미지를 심으려 해도 순간은 모르거니와 그냥 사라지고 맙니다.

여러분들이 앉아보시면 생각이 되겠지요. 딴 생각 때문에 그 소중한 부처의 영상은 없어지고 맙니다. 그러기 때문에 억지로 하는 것입니다. 그러기 때문에 잘 안 되면 부처님 이름을 천만 번 외는 것입니다. 하루에 만 번 관음보살해라, 하루에 십만 번 해라 합니다.

부처님의 이름은 다만 이름이 아니라, 명호부사의(名號不思議)라, 명호 자체에 부사의한 힘이 묻어 있습니다. 나무아미타불(南無阿彌陀佛)은 그 음성, 이름 가운데 부처님의 공덕이 묻어 있습니다. 관음보살(觀音菩薩)은 관음보살 이름에 영원한 부처님의 자비가 묻어 있습니다.

따라서 이름을 부르면 부른 만큼 우리 생명이 정화되어 갑니다. 우리 주변이 정화되어 갑니다. 또한 동시에 나쁜 삿된 기운이 우리한테 침범을 못합니다. 무량 선신(善神)은 부르면 부른 만큼 우리를 옹호(擁護)합니다. 그러나 그런 것들이 중생에게는 안 보입니다. 한 번 척 부르면 부른 만큼 선신들은 우르르 따라오지만 우리 중생에게는 안 보입니다.

부처님의 이미지, 영생의 불심의 이미지, 그것이 딱 심어지면 그때는 아무것도 필요 없습니다만 그렇게 안 되니까 부처님의 이름을 더욱더 외운다 말입니다. 다 되어버리면 우리가 부처와 하나가 되는데 무슨 염불이 필요합니까?

O. 禪(Dharma; zen) 定(Samadhi) … 禪은 觀을 爲主하고
定은 止를 爲主하니 合하여 定慧均等의 妙体를 禪
定이라 함 … 思惟修·棄惡·靜慮·功德叢林·心一
境性·現法樂住 등의 이름이 있음. 또한 禪宗의 禪은
名은 思惟靜慮의 뜻을 取하나 그 体는 涅槃妙心
으로서 바로 佛心을 의미함.

O. 念佛 … 本來是佛이니 自性淸淨心을 念함을 의미함
一切萬有가 부처와 다르지 않는 不異佛이기 때문에
언제나 부처를 여의지 않는 不離佛이다.

O. 念佛禪 … 自心을 비롯한 一切存在가 本來로 부처요
우주의 實相이 바로 淨土임을 觀念하며 닦는 禪.

O. 念佛禪 … 十方三世에 두루한 自性佛의
智慧光明을 觀照하면서 닦는 禪을 말함.

부처님은 생명

역시 일상삼매(一相三昧)로 해서, 항상 보는 모든 천지우주가 일상(一相)이라, 천지우주가 부처라는 하나의 상(相), 이 상을 심는 것이 필요하고, 그다음은 그 상을 유지해 가는 일행삼매(一行三昧)라, 생각 생각에 앞 생각 뒷 생각, 오직 부처만을 생각하는 생각, 그 생각을 하기 위해서 부처라는 이름을 염력(念力)으로 부르는 것입니다.

어제 거사님들께서 말씀하셨습니다만, 우리가 흠모하고 그리워하는 그 마음이 굉장히 중요합니다. 사람 사람끼리 그리워해 보십시오. 그 마음도 우리를 얼마나 정화시킵니까. 고향을 떠나서 고향에 대한 향수를 느껴보십시오. 그 마음이 얼마나 순수합니까? 비록 그리워서 눈물을 흘린다 하더라도 그 눈물은 맑은 눈물입니다. 굉장히 맑습니다.

그런 가운데 내 생명의 가장 근본 자리, 필경 돌아가야 할 고향인 극락세계(極樂世界)의 자리, 그것을 흠모할 때는 그것이 얼마나 순수하고 얼마나 우리 마음을 정화시키겠습니까.

『정토삼부경(淨土三部經)』을 보면, 비단 부처님 이름을 외우라는 그런 법문뿐만 아니라, 극락세계의 땅을 관찰하라 하는 법문이 있습니다. 이 놈의 땅을 관찰해서 무엇하랴? 해도 그렇지가 않습니다. 보통의 땅 같으면 우리한테 관심이나 공덕이 없습니다만 극락세계의 땅은 그런 땅이 아닙니다. 영롱하고 찬란한 금색(金色) 광명을 발휘한 땅입니다. 영롱한 땅을 보려고 애쓰는 그런 관법을 하다 보면 사실로 실지로 광명이기 때문에 자기도 모르는 가운데 광명과 하나가 되어버립니다.

극락세계 땅이 참다운 땅입니다. 극락세계 시냇물이 참다운 시냇물입니다. 우리가 보는 시냇물, 우리가 보는 숲 이것은 바로 못 보는 것입니다. 참다운 시냇물, 참다운 숲은 모두가 다 광명으로 이루어진 찬란한 존재입니다. 극락세계의 나무를 봐야 합니다.

일상에서 이런 나무를 제아무리 봐도 그때는 정화가 안 됩니다. 극락세계 나무는 찬란한 광명으로 이루어진 나무를 보라는 것입니다. 보다 보면 원래 그것이 실상(實相)인지라, 자기도 모르는 가운데 실상과 하나가 되어집니다.

부처님 법문은 방편 같지만 자기도 모르는 가운데 실상으로 유도하는 무서운 위대한 힘이 있습니다. 우리는 꼭 결정신심(決定信心)이라, 움직일 수 없는, 어떤 유혹이 와도 동요하지 않는, 그런 신심을 가져야 합니다. 그와 동시에 어디 가도 척 들어앉으면 참선이 되는 자세를 가져야 합니다. 그렇게 하려면 나는 어떤 방식으로 해야 할 것인가? 개별적인 방식을 이번 기회에 딱 정하십시오.

화두를 의심하는 분도 역시 아까 말씀처럼 부처님의 영상을 지니셔야 합니다. 염불(念佛)하는 분도 역시 부처님의 영상, 천지우주가 나까지도 포함해서, 보통은 자기는 빼놓고서 광명을 관합니다만, 그렇게 해서는 안 됩니다. 나까지도 포함해서 천지우주가 바로 광명뿐이라는 생각, 그 가운데 일체의 것이 다 포함되어 있다, 일체가 완벽하게 포함되어 있다는 생각을 가지고 염불을 해야 합니다.

성격상 분별을 좋아하고 지적으로 수승한 분들은, 지혜가 수승한 분들은 따지고 의심하는 법문이 좋습니다. 감성적으로 천지가 부처거니, 부처가 내 님이거니, 이렇게 부처님을 자기 님 같이 보는 그런 분들, 내 고향 같이 부처님을 구하는 분들, 그런 감성적인 정서가 풍부한 분들은 역시 부처님의 이름을 외우는 것이 좋습니다.

『정토경(淨土經)』에 '염불왕생원(念佛往生願)'이라, 부처님께서 아미타불(阿彌陀佛)이 되시기 전 법장 비구 때 세운 48원 가운데 18번째 원(願), 이것이 염불왕생원입니다. 염불(念佛)하는 사람은 이 원(願)을 제일 중요시합니다. 이것은 염불하면 바로 왕생(往生)한다, 극락세계(極樂世界)에 간다, 이런 법문입니다만, 우리는 염불하면 어떻게 갈 것인가? 이렇게 의심도 하고, 여러 가지 회의도 많이 합니다만, 실은 바른 생각, 바른 신앙, 바른 흠모하는 마음, 그리운 마음이 사무치면 우리 마음은 비상(飛翔)을 비약(飛躍)을 시키는 것입니다.

사람과 사람끼리도 그리워한다 하면 자기 몸 바치기도 하고, 자기 생명도 아깝지가 않죠. 따라서 우리가 마음이 순수해서 정말로 사모(思慕)하면, 부처님을 흠모(欽慕)할 때에 흠모하는 그 생각이 사무치면, 사무친 만큼 굉장히 우리 마음을 비약시킵니다. 내가 부처다 하는 그런 마음에서 자력적으로 참구(參究)하는 것도 좋습니다만 그런 마음만 가지고서는 우리 마음이 비약을 잘 못합니다.

원래 부처님 법문이라는 것이 자력(自力)과 타력(他力)이 겸비되어 있습니다. 원래 천지우주가 원력(願力)으로 가득 차 있고, 타력이 원래 이미 갖춰져 있고, 내가 원래 부처거니 내 스스로 개발하는 자력이 또 원래 갖춰져 있습니다. 따라서 하나만 치우치면 결국 공부가 더디어 갑니다. 이와 같이 불안할 때는 역시 의지가 필요합니다. 우리의 배경은 부처님 아닙니까? 부처님한테는 무한한 힘이 나옵니다. 가까이 가다 보면 결국 부처가 내가 되어버리는 셈 아닙니까.

그러기에 『법화경(法華經)』 '방편품(方便品)'에도 '심회연모(心懷戀慕) 갈앙어불(渴仰於佛)'이라, 마음 심(心), 품을 회(懷), 그리울 연(戀), 생각할 모(慕), 목마를 갈(渴), 우러를 앙(仰), 어조사 어(於), 부처 불(佛), 부처를 향해서 마음으로 연모하고 간절히 갈앙한다 합니다. 그러면은 '즉종선근(卽種善根)'이라, 곧 즉(卽), 심을 종(種), 착할 선(善), 뿌리 근(根), 바로 우리 마음에 선근(善根)을 심습니다. 그리운 마음은 이와 같이 위대한 것입니다.

자기 마음으로 예술품을 보면 순간적으로 마음이 정화되는 것입니다. 예술이라 하는 것은 모두가 다 본래 고향을 그리워하는 데서 나옵니다. 근본 뿌리는 부처이기 때문에 부처가 부처를 그리워하는 마음이 이렇게 변형되어서 나옵니다. 사람 사람끼리 서로 그리워하는 마음도 부처를 그리워하는 마음, 그 마음이 변형되어서 사람을 그리워합니다.

따라서 부처님에 대해서 갈앙심(渴仰心), 간절히 그리운 마음을 품으려면 역시 무슨 문제보다는 부처님을 인격으로, 생명으로 구해야 합니다. 부처님은 분명히 생명이니까요. 부처님은 분명히 내 생명의 뿌리니까, 일체 만 생명의 근본 생명이니까, 생명으로 구하는 쪽으로 부처님의 이름을 인격화시켜서 구하는 쪽이 마음의 순화를 잘 시킵니다. 그러나 따지기 좋아하는 분들은, 즉 철학적이고 과학적인 분들은 역시 분석적이거나 의심하는 쪽이 더 낫겠지요.

아무튼 마음 자세가 영생의 이미지, 불심만 되면 무엇이나 무방합니다. 그러기에 화두 가운데 '마른 똥 막대기〈乾屎橛〉'란 화두가 있습니다. 어떻게 하든지간에 근본 바탕은 하나이니까요. 그 하나인 것을 인식한 다음에는 무엇이나 무방합니다.

그러나 정서가 풍부한 분들은 어쩐지 내 고향! 내 님! 그렇지 않으면 마음이 허전합니다. 그런 분들은 부처님의 이름을 외우는 쪽으로, 부처님의 이미지를 심도록 하십시오.

마지막으로 참선할 때에 나쁜 선(禪), 피해야 할 선에 대해 몇 말씀을 드리고서 마치겠습니다. 어떤 것이 나쁜 선인가 하면 '암증선(暗證禪)', 어두울 암(暗), 증할 증(證), 고요할 선(禪), 참선의 한계나 방법도 모르고 이것저것 모색만 합니다. 암중모색(暗中摸索)이라고 할까요.

헌데 암증선이라, 어두운 가운데 우리가 모색한다 말입니다. 그래서는 우리가 바른 선을 못합니다. 범부가 성불(成佛)까지 가는 길이 하도 멀어서 어떤 때는 광명이 나오기도 하고, 어떤 때는 가슴이 턱턱 막히기도 하고, 어떤 때는 부처님이 나오기도 하고, 가지가지 모양이 많이 보이는 것입니다. 또는 우리가 거쳐야 할 그런 과정이 무수한 천상(天上)을 지나가야 합니다.

도리천(忉利天), 야마천(夜摩天), 도솔천(兜率天), 또는 색계(色界)의 초선천(初禪天), 그와 같이 우리는 무수한 천상을 거쳐야 합니다. 그렇기 때문에 그때그때 거쳐 가는 동안에는 그때그때 우리한테 기묘(奇妙)

한 것이 자꾸만 보입니다. 보이는 것을 납득 못하면 어중간하게 가서 기분 좋으면 '다 되어버렸다' 하고 아만심(我慢心)을 냅니다.

한계도 모르고서, 선의 방법도 모르고, 또는 좌선하는 방법도 모르고, 이와 같이 방법도 자세히 모르고, 부처님의 가르침에 의지하지도 않고, 이렇게 하는 선이 암증선(暗證禪), 어두운 가운데서 헤매는 선입니다.

또 한 가지는 '문자선(文字禪)'이라, 알기는 많이 알지만 실제로는 앉지를 않습니다. 소리를 내건, 앉건 상관이 없습니다만 실제로 해봐야 합니다. 즉 아까 말씀처럼 일행삼매(一行三昧)라, 부처님의 영상을 안 놓치고서 계속해서 이어가야 한다 말입니다. 염불(念佛)로 소리를 내서 하든, 좌선으로 하든 무방하지만 아무튼 그런 공부를 많이 해야 합니다. 『반주삼매(般舟三昧)』란 책을 보면 나무아미타불(南無阿彌陀佛)이나 관세음보살(觀世音菩薩)을 외우면서 하루에 공양(供養)을 한 끼 먹고, 또는 일주일 동안 안 자고, 또는 하루에 목욕도 세 번 정도하고, 하루에 매일매일 옷도 새로 갈아입고, 또 남과 얘기도 않고, 그렇게 일주일 동안 오로지 관음보살이나 아미타불을 이름을 외운다고 하면 일주일 안에, 업장이 설사 무겁다 하더라도 부처님을 꼭 본다는 것입니다.

그와 같이 계속적인 공부가 필요합니다. 하다 말다 하다 말다 공부하다 남과 얘기한다 이러면 소중한 부처의 이미지가 중단되어 버립니다.

우리는 만사를 부처님의 차원에서 재조명이라, 이와 같이 모두를 부처라고 보는 그 관념을 항시 외워야 합니다. 이렇게 하기 위해서 좌선(坐禪)이나 기도 모시는 것이 필요합니다. 여러분들이 가령 집안의 복을 위해서 기도 모시는 경우도 누구 잘 되라, 누구 병 나아라 하지 않더라도 최상의 지혜, 최상의 불심의 상태, 여기에 마음을 딱 두면 모두가 절로 다 이루어집니다.

자기 아들의 행복을 제아무리 빌어본다고 해도, 그보다는 차라리 비교할 수 없는 수승한 공덕의 부처님의 이미지, 부처님의 영상을 딱 두고 기도 모시는 것이 훨씬 더 공덕이 큽니다.

경을 많이 봐서 한계는 잘 알지만 실제로 우리가 안 합니다. 안 하면 우리 마음이 정화도 안 되고, 공덕이 즉 부처님한테 있는 무량의 힘이 우리한테 안 옵니다. 우리는 본래 부처지만 아직은 부처의 힘을 못 자아냅니다. 실지로 닦아야 합니다. 부처라는 관념을 놓지 않고 쭉 이어 가야 합니다. 그래야만 소위 문자선이라, 문자만 알고 뇌까리는 그런 그릇된 선법을 지양할 수 있습니다.

또 한 가지는 '야호선(野狐禪)'이라, 야호는 여우입니다. 아주 망나니 같은 여우, 변덕 많이 부리고, 사기 많이 치는 것이 여우 아닙니까? 그런 여우 같은 선이 야호선입니다. 이것은 미처 모르고서 알았다고 하는 선입니다. 우리는 우리 사부대중(四部大衆) 가운데 야호선하는 사람도 상당히 있다는 것을 압니다. 자기가 어느 경계에 못 갔으면서 자기 위신을 내서 갔다고 한단 말입니다. 이것은 큰 죄입니다. 자신을 속이고 대중을 속이는 것입니다.

간단하게 살펴봤지만 제대로 된 참선공부를 하도록 모두 노력합시다. 부처님을 항상 가슴에 새기고 화두든, 염불이든 열심히 해서 우리 모두 성불하도록 합시다.

나무아미타불(南無阿彌陀佛)!

우리 시대의 **선지식**

초판 1쇄 | 2023년 12월 15일

지은이 | 청화 스님

책임편집 | 무상 스님, 명원 스님, 주원 스님
발행인 | 유철상
기획 | 본정, 자성, 현지심
편집 | 홍은선, 안여진, 김정민
디자인 | 노세희, 주인지
마케팅 | 조종삼, 김소희
콘텐츠 | 강한나

펴낸곳 | 상상출판
출판등록 | 2009년 9월 22일(제305-2010-02호)
주소 | 서울특별시 성동구 뚝섬로17가길 48, 성수에이원센터 1205호(성수동2가)
전화 | 02-963-9891(편집), 070-7727-6853(마케팅)
팩스 | 02-963-9892
전자우편 | sangsang9892@gmail.com
홈페이지 | www.esangsang.co.kr
블로그 | blog.naver.com/sangsang_pub
인쇄 | 다라니
종이 | ㈜월드페이퍼

ISBN 979-11-6782-179-9(03220)